나, 조선소
노동자

나, 조선소
노동자

배 만들던 사람들의 인생, 노동, 상처에 관한 이야기

마창거제 산재추방운동연합 기획

코난북스

나, 조선소 노동자

초판 1쇄 발행 2019년 4월 23일

기획 마창거제 산재추방운동연합
펴낸이 이정규
펴낸곳 코난북스
출판등록 제2013-000275호
전화 070-7620-0369
팩스 0505-330-1020

conanpress@gmail.com
conanbooks.com
facebook.com/conanpress

ISBN 979-11-88605-08-8 03330

이 도서의 국립중앙도서관 출판예정도서목록(CIP)은 서지정보유통지원시스템 홈페이지(http://
seoji.nl.go.kr)와 국가자료공동목록시스템(http://www.nl.go.kr/kolisnet)에서
이용하실 수 있습니다.(CIP제어번호: 2019013742)

차례

들어가는 글

'그날'을 증언하는 아홉 개의 목소리

박희정(인권기록활동가)

2017년 5월 1일
7안벽, 마틴링게 프로젝트 P모듈

"아악!"

페인트 칠을 하던 이정은(여, 54세, 물량팀 도장 작업)의 머리 위로 잿빛 가루가 사정없이 쏟아져내렸다. 순간적으로 앞이 보이지 않을 정도였다. 이정은은 가루가 날아온 곳을 향해 고개를 들었다. 천장 가까이에서 그라인더로 철판을 갈아내는 작업을 하는 사람들이 쌓인 가루를 털어낸다고 에어호스로 바람을 불어댄 것이다. 이정은이 서 있는 곳은 천장이 아주 높았다. 보통 건물의 두세 층을 합한 높이쯤은 되는 곳이다. 높은 데서 쏟아진 쇳가루는 연기처럼 퍼져 아래쪽에서 일하는 사람들 위로 내려앉았다. 모래알 같은 샌딩 가루는 이정은의 옷 속까지 파고들었다. 머리부터 발끝까지 감싸는 작업복을 입고 있었지만 이 작은 침입자들을 막기엔 역부족이었다.

"뿌리면 뿌린다고 얘기라도 해줘야지!"

이정은은 짜증이 확 밀려왔다. 하던 일을 멈추고 사람 없는 데로 가서 작업복을 벗어 다 털어야 했다. 바빠 죽겠는데 이게 뭐 하는 짓인가. 가뜩이나 오늘따라 '은바가지'들이 올라온다고 아침부터 시달린 터였다.

"우리는 이사급이고 관리자들이고 뭐고 다 은바가지라 그러거든. 은바가지(은색 안전모) 쓰고 올라온다고. 그날 공장장인가 뭔가가 온다고 평소에는 안 올라오던 하청업체 사장이며 관리자들이며 전부 나와서는 난리인 거야. 우리도 눈치껏 일을 하려는데 주위 청소부터 하래. 가서 청소하고 있으니까 또 한쪽에서는 일하라고 부르더라고. 몇 번을 왔다 갔다 했는지 몰라. 진짜 너무너무 번잡스럽더라고."

이정은은 삼성중공업 거제조선소에서 건조 중이던 해양 플랜트 마틴링게(Martin Linge)의 상부 구조물을 칠하는 도장공이었다. 마틴링게 프로젝트는 노르웨이와 영국, 유럽 대륙으로 둘러싸인 북해에 설치되어 석유와 천연가스를 생산하게 될 설비였다. 2012년 프랑스계 글로벌 에너지 기업 토

나. 조선소 노동자

털의 노르웨이 자회사(Total E&P Norge)가 삼성중공업에 발주
해 2017년 6월 인도할 예정이었다.

거대한 해양 구조물은 모듈 단위로 제작해 이를 조립하
는 방식으로 이루어진다. 마틴링게 프로젝트의 상부 구조물
은 네 개의 모듈로 구성되었다. 삼성중공업이 건조를 맡은
것은 프로세스(process), 유틸리티(utility), 플레어(flare), 세 개의
모듈이었다.* 이정은이 있던 곳은 그중에서도 7안벽**에서 건
조 중인 프로세스 모듈, 속칭 P모듈이었다.

은바가지들의 방문은 현장 노동자에게 늘 번잡스러운 일
이었지만 이날따라 이정은의 마음이 더 뾰족해진 이유가 있
었다.

"우리가 그랬다니까. 노동절날 아침부터 이게 뭐냐고. 노
동절은 쉬어야 되는데 쉬는 날 일한다고 위로는 못 해줄망
정 뭐 때문에 은바가지들이 올라오고 공장장이 오느냐고 내
내 투덜투덜거리면서 일을 했지. 어쨌거나 우린 돈 벌러 왔
으니까, 한 푼이라도 더 벌어야 하잖아."

이정은의 말처럼 그날은 2017년 5월 1일, 노동절이었다.
법정기념일이자 근로기준법에서 인정하는 유급휴일 말이

---

* 다른 하나는 주거용 모듈로 유럽 회사가 제작을 맡았다.
** 선박이 안전하게 접안해 화물을 하역하고 승객을 승하선하도록 만들어진 구조물.
7안벽은 삼성중공업 사업장에서 가장 안쪽에 있다.

다. 그러나 그날 마틴링게 작업장은 멈추지 않았다. 출근 기록에 따르면 이날 삼성중공업 거제조선소에는 1623명이 평소처럼 출근해 평소처럼 일했다.

이날 출근한 이들은 대개 하청업체에 소속된 노동자들이었다. 그리고 이들은 흔히 물량팀 혹은 돌관이라는 이름으로도 불렸다.

물량팀이란 하도급의 분화된 형태로서 '다단계 하도급' 과정에서 파생된 것이다. 주로 단기간에 작업 물량을 처리하는 작업 팀을 물량팀이라고 부른다. 보통 물량팀장을 중심으로 10~30명이 한 팀으로 움직인다. 건설 현장의 고용 형태인 십장, 팀장이나 제조업 내의 소사장과 유사한 고용 형태다. 형식은 하수급 계약을 체결하지만, 실제 작업은 원청(발주사)와 도급 업체의 관리 아래에서 이루어지는 불법파견 용역이다. 그래서 형식상으로는 발주사와 도급업체는 사용자로서 책임이 없다. 돌관(突貫)은 '갑자기 돌' 자와 '뚫을 관' 자가 결합한 단어다. 물량팀과 마찬가지로 장비와 인원을 집중적으로 투입해서 휴식 없이 최대한 빨리 끝내는 공사, 또 이를 하는 노동자들을 가리키는 이름이다.

이정은과 마찬가지로 이 프로젝트에서 도장 작업을 맡았던 김오성(남, 38세, 물량팀 도장 작업)은 그날을 "빽 없고 정직원 아닌 사람들은 반강제로 다 출근한" 날로 기억한다.

"출근 안 한 하청업체는 없었을 거예요. 그때 우리 회사 직원은 백 퍼센트 다 출근했어요. 억울했죠. 휴일에는 쉬고 싶은데."

김오성은 노동절에 쉬겠다는 의사를 팀장에게 표명했다. 하지만 돌아온 것은 얼마 안 남았으니 빨리 해서 빨리 내보내야 한다는 닦달뿐이었다. 납품 기한이 한 달 반가량 앞으로 다가와 있었지만 마틴링게 프로젝트의 공정률이 예정보다 많이 떨어져 있었기 때문이다. 여기에 물량팀이 대거 투입된 이유이기도 했다. 김오성은 이날 어쩔 수 없다는 심정으로 출근했다. 하청 노동자가 팀장 눈 밖에 나서 좋은 일은 없었다.

김오성은 1층에서 작업 지시를 받고 새 페인트를 준비해 엘리베이터를 타고 올라가려다가 시계를 보았다. 정확히 오후 2시 반. 30분 후면 휴식 시간이었다.

"시간이 애매한 거예요. 엘리베이터 타고 가면 작업 현장까지 빙 둘러 가게 되는데, 오르락내리락하다가 쉬는 시간이 되겠더라고요. 그렇다고 휴식하려니 너무 이르고. 그래서 일부러 3층까지 걸어 올라갔어요."

P모듈은 옆에서 보면 L자 모양으로, 높은 쪽은 6층, 낮은 쪽은 3층으로 되어 있었다. 6층까지의 높이는 65미터에 달했다. 3층 메인데크 쪽 일부 공간은 작업자들이 오전과 오

11

후 두 차례 있는 10분의 휴식 시간을 보내는 장소로 사용되었다. 휴게 공간이라고는 하지만 몇 백 명이 같이 쉬는 곳에 있는 거라고는 간이화장실 하나와 정수기 하나, 재떨이뿐이었다. 단출하다는 말도 사치스럽게 느껴질 지경이었다. 사정이 이렇다 보니 휴식 시간이 되면 실제로 이 공간에서 '휴식'을 하기란 불가능했다. 화장실 앞에는 긴 줄이 늘어섰고, 정수기는 뜨거운 물을 데울 틈이 없어 찬물만 토해냈다.

"3층에 제가 담배 피우는 공간이 있었거든요. 방향을 말하자면 남쪽이에요. 걸어 올라가서 3층에 도착하니까 40분쯤 됐어요. 그런데 그날따라 이상하게 그 자리에 가기가 싫은 거예요, 이상하게….."

김오성은 3층 데크에 멈춰선 채 친구에게 전화를 걸었다.

"야, 담배 피우자. 좀 쉬자. 일을 뭐 그리 힘들게 하노."

팀장은 볼일이 있다고 점심시간에 조퇴했으니 마침 눈치 볼 사람도 없었다. 잠시 후 친구가 김오성이 있는 곳으로 왔다. 공교롭게도 둘 다 담배가 없었다. 두 사람은 담배를 가진 동료가 오기를 기다리며 그 자리에 서 있었다. 3시가 되려면 아직 10분가량 더 지나야 했다. 김오성은 시간이 흐르길 기다리며 휴게 공간 쪽으로 시선을 주었다.

오후 2시 52분
P모듈 3층 메인데크

"그때 봤죠. 2시 52분, 그쯤에. 왜 시간을 기억하냐면 화장실 하나 있는 거, 남자 한 사람이 거기 대변기 쪽으로 들어가는 걸 봤거든요. 그리고 우리가 늘 담배 피우는 장소, 그러니까 맨 구석 그늘진 자리에 네다섯 명이 옹기종기 모여서 커피를 마시고 있는 게 보이더라고요. 그때 크레인 신호수*가 올라온 거예요. 호루라기 불면서 물건 지나간다고, 커피 마시는 사람들 다 비키라고 해서 쳐다보니까 지브(jib) 크레인에 철제 수거함이 올려져 있어요. '수거함이네' 하면서 '요 녀석 왜 안 오지' 하고 있는데 쿵! 하는 거예요. 보니까 제가 늘 다니던 장소에… 수거함이 툭 떨어졌더라고요. 지브 크레인을 잡아주는 와이어가 있고, 와이어 중간에 샤클이라는 고리가 있거든요. 그 고리가 떨어진 거예요. 어어어 하면서 머리를 든 순간 뭔가가 휘이익 쾅쾅쾅! 다시 어어어 하는데 와이어 움직이는 소리가 또 휙휙휙! 났어요."

김오성이 사고를 목격한 바로 그 시각 이정은은 P모듈 6층

---

* 안전을 위해 크레인 아래에서 작업하는 사람들과 크레인 조종사 사이에서 신호를 전달하는 사람.

에 있었다.

"작업 검사가 예정되어 있어서 빨리 검사 마치고 가려고 2시 30분쯤부터 6층에 대기를 했지. 40분쯤인가 됐는데 반장이 검사 왔다고 우리보고 준비하래. 반원들이랑 대기하고 있는데 뒷사람이 '아, 저기!' 그래. 뒤를 보니까 골리앗 크레인이 우리 바로 앞 가까이에 있는 거야. 크레인 조종실 안까지 다 들여다볼 수 있더라고. 우리는 맨날 멀리서만 봤으니까 신기했지. '쪼끄만 줄 알았는데 안이 넓네.' '두 사람이 있으니까 한 사람 쉬고 한 사람이 일하고 그럼 되겠네?' 농담하고 그랬어. '야, 근데 오늘 바람 너무 많이 분다.' '바람이 많이 부는데 골리앗 크레인도 일하나?' 그러다가 검사 왔다 그러길래 검사장으로 가려고 그러는데 뭔가 퍽! 소리가 크게 나는 거야. 우리가 6층 위쪽에 있었는데 지브 크레인 붐대가 6층 아래쪽 벽을 한 번 탁 치고 콱 뿌러져 3층으로 내려간 거야. '뭐지?' 하면서 밑을 내려다보니까, 아… 아… 완전히, 폭삭, 주저앉아버렸더라고…. 주황색 피스복 입은 노동자가 바로 내 밑에 있더라고. 그분이 압사돼서… 압사돼서…."

느닷없이 지브 크레인이 붕괴되면서 펼쳐진 참혹한 광경 앞에 이정은은 하얗게 얼어붙었다.

"애들이 가자 그러는데 다리가 안 떨어지는 거야, 안 떨어

　　　　　　　　　　　　　나, 조선소 노동자

지더라고…. 아무 생각도 안 나고 마음은 빨리 가야 되는데, 가야 되는데 그러는데 발걸음이 안 떨어지고… 주위 사람들이 하나둘 울기 시작하니깐 같이 울게 되더라고….”

파워그라인더를 다루는 김재영(남, 41세, 물량팀 파워 작업)은 6층에서 지브 크레인이 떨어지기 직전의 상황을 목격했다.

“그날 아침에 야간조가 작업한 샌딩 가루가 바닥에 엄청 많이 쌓여 있어서 출근하자마자 청소를 했어요. 분진 백을 일곱 개는 채웠을 거예요. 그걸 채우면 내려야 되잖아요. 지브 크레인으로 분진 백을 들어서 밖으로 내린 거죠. 그것 다 내려주고 나서 크레인이 뭐가 할 게 있었는지 붐대를 3층 데크 방향으로 세워놓고 있었어요. 그리고 저희 바로 옆에 골리앗 크레인이 있었어요. 감독관들을 기다리고 있는데 갑자기 작업자 중에 한 명이 ‘어어어’ 하는 거예요. 군중심리라는 게 있으니 같이 쳐다보게 되잖아요. 보니까 골리앗이 우리 머리 위를 지나가고 있어요. 지브 크레인이 서 있는데 골리앗이 그쪽으로 계속 가는 거예요. 점점 가까워지는데… 와, 저거 칠 것 같은데. 서야 되는데, 서야 되는데 하는데도 계속 가더니 지긋이 밀어버리데요. 천둥 치는 소리 비슷하게 바바바박! 하더니 지브 크레인 붐대가 확 떨어져버리더라고요. 그 순간부터 비명 소리가…. 밖을 내다보니까 이미 난리가 난 거죠.”

800톤급 골리앗 크레인과 32톤급 지브 크레인이 충돌한 것은 조선소 역사상 전례가 없는 일이다. 게다가 무너진 지브 크레인 붐대와 끊어진 와이어가 덮친 곳은 하필 사람들의 출입이 잦은 3층 휴게 공간이었다. 그곳에는 많은 사람이 있었다. 전기 포설* 작업을 하는 김종배(남, 43, 물량팀 포설 작업)는 3층 휴게 공간에서 휴대폰으로 전화를 걸고 있다가 사고를 목격했다.

"그날은 5시 퇴근이었으니까 3시 휴식 시간 이후에 마지막 한 타임이 남은 거잖아요. 저랑 제 부사수는 반장한테 그 마지막 한 타임 작업지시를 받으러 올라간 거였어요. 반장은 휴게 공간에 먼저 가 있었고 우리더러는 2시 50분까지 올라오라고 했어요. 부사수와 함께 반장을 만나기로 한 곳에 갔더니 사람들이 벌써 많이 올라와 있더라고요. 도착하니까 전화가 왔어요. 시끄러워서 바로 못 받고 전화기를 꺼내는데 끊겼어요. 다시 통화 버튼을 눌렀죠. 그리고 신호가 두 번 울렸나?

그때 우루루루 두두두 뭐가 떨어진 거예요. 전화를 어떻게 끊었는지도 모르겠어요. 크레인이 바로 앞에 떨어지니까 피한다고 이리 넘어지고 저리 넘어지고, 사람들이 많으니까

---

* 전기 배선 등을 설비 내에 배관 등을 통해 설치하는 일.

사람들한테 부딪혀서 몇 번 넘어졌죠…. 크레인이 저한테서 한 2, 3미터 앞에 넘어져서, 그러니까 진짜… 갈 뻔했어요. 예… 예…. 그 순간에는 진짜 도망갈 생각을 못 했어요…. 크레인이 떨어지는 건 봤는데 정확히 무슨 소리인지 확인할 정신이 없었어요. 정신없었어요, 진짜. 근데 마지막에 제 부사수가 저기 반장님 깔려 있다고, 못 일어난다고, 죽은 거 같다고 하는 거예요.

가보니까 복수가 막 차 있더라고요…. 저랑 체형이 똑같은데… 남자들끼리 같이 사니까 빨래 돌리면 지 옷을 내가 입고 내 옷을 지가 입는 사이인데… 복수가 차 있으니까 사람을 알아보지 못했어요. 저는 아니라고, 반장 아니라고 했어요. 저마이 배가 나올 리가 없다고. 물이 찬 걸 모르고. 크레인에 완전 깔려 있어서 얼굴이 확인이 안 되는 거예요. 바닥을 보고 깔려 있어서…. 모자라도 쓰고 있으면 거기 이름이 있으니까 알 텐데 모자도 어디 날아가고 없고. 나중에 보니 맞더라고요….”

도장공 김명진(남, 38세, 물량팀 특수도장 작업)은 어릴 때부터 동네에서 형제처럼 자랐고 조선소 입사 동기인 규성이 형과 함께 3층에 있다가 사고를 당했다. 작업자들이 몰리기 전에 작업에 필요한 도료를 미리 챙겨두고 막 동료들과 앉은 참이었다.

"갑자기 어디선가 쿵 하는 엄청 큰소리가 났어요. 조선소에서는 소음과 진동이 워낙에 빈번한 일이라 대수롭지 않게 생각했죠. 그때 더 커다란 쾅 소리가 났어요. 무슨 일이 났다 싶어 마주 보고 있던 규성이 형에게 '피해!'라고 소리치고 형이랑 동시에 뒤로 뛰었어요. 뛰고 난 후 바로 또 쿵 소리가 났어요. 정신 차리고 둘러보니 저희가 앉아 있던 그 자리로 크레인 붐대가 무너져 있더라고요. 너무 놀랐어요. 저는 다치지는 않아서 규성이 형을 찾았죠.

형이 한쪽에 쓰러져 있는 모습을 발견하고 급히 다가갔어요. 규성이 형을 보니 다리가 부러져서 움직이지 못하고 신음하고 있더라고요. 그 모습을 본 순간 눈물이 났어요. 추가 사고가 우려돼서 형을 부축해서 안전한 장소로 이동하는데 저와 같은 팀인 막내가 쓰러져 죽어 있는 모습이 보였어요. 미동도 없이 머리 쪽에 피를 많이 흘리며 누워 있더라고요. 아무 도움도 주지 못하고 규성이 형만 부축해서 안전한 곳으로 옮겼어요. 한쪽에서 멍한 얼굴로 얼굴에 피를 흘리며 앉아 있는 낯모르는 작업자가 '팔에 감각이 없어요… 제 팔 괜찮은가요… 살려주세요…'라고 하는데도 외면할 수밖에 없었어요. 규성이 형을 옮기고 부축하는 것만도 벅찼으니까요…. 조금 시간이 지나 구급대원들이 오고 그제야 정신을 차리고 주위를 둘러보니 평소 같은 직종에서 일하던 한 작

나. 조선소 노동자

업자가 크레인에 깔려 팔다리가 절단된 채 있더라고요."

6층에서 크레인의 충돌을 목격했던 김재영은 아수라장의 현장을 확인하고 동료들의 안부를 확인하기 위해 쉴 새 없이 전화 버튼을 눌러댔다.

"다들 전화기 꺼내서 정신없이 전화했죠. 저희는 면*을 뒤집어쓰고 작업하니까 전화가 와도 몰라요. 진동으로 해놓으면 좀 느낄까, 그라인더 작업하면 전화 암만 해도 모르거든요. 쉬는 시간은 다 가는데, 이 시간이면 면 벗었을 시간인데도 전화를 안 받으니까 저희도 초조해지기 시작했죠. 옆에 있던 도장부 이모들도 사람들이 전화 안 받는다고 울면서 발 동동 구르는데 너무 혼란스럽더라고요. 이게 웬일인가, 이게 진짜 현실인가, 겁이 나서 밑을 더 이상 못 보겠는 거예요. 우왕좌왕하고 있는데 감독관들이 빨리 내려가라 내려가라 하더라고요. 무슨 정신으로 내려왔는지 모르겠어요. 제정신이 아니었어요. 내려와서 인원 파악하는데, 뭔 얘기를 하는데도 하나도 모르겠고. '인원 파악 다 됐으니까 일단은 귀가를 해라, 당분간 일이 안 될 수 있다, 일하게 되면 연락을 주겠다, 일단 가라' 그런 말만 기억나요. 멍하니 나와

---

* 파워그라인더 작업 중 쇠를 깎으면 다량의 분진이 발생하는데 분진으로부터 몸을 보호하기 위해 상체 전체를 가려 착용하는 장비.

숙소까지 걸어가는데 앰뷸런스가 끝도 없이 막 들어와요. 아, 이거 진짜구나….”

사망자, 부상자, 목격자

부정하고 싶은 현실이었다. 일하러 나온 곳에서, 누군가는 크게 다치고, 누군가는 목숨을 잃었다. 언론들은 일제히 이날의 참사를 보도했다. 요약된 사건 정황은 이러했다. 마틴링게 프로젝트 조립장에서 골리앗 크레인이 프로세스 모듈 동편에 배치된 엘리베이터를 철거하기 위해 이동하던 중에 모듈 서편에 있는 지브 크레인과 충돌하여 지브 크레인의 붐대가 프로세스 모듈 상부로 넘어졌다.

그 결과는 이렇게 요약된다. 여섯 명 사망. 스물다섯 명 부상. 최악의 크레인 참사.

이전에는 일어난 적 없다는 크레인 간의 충돌 사고는 왜 하필 이날 일어난 것일까. 그 일은 어떻게 일어날 수 있었던 것인가. 여섯 명 사망. 스물다섯 명 부상. 이 숫자로 우리가 알 수 있는 것은 과연 무엇인가. 이날 ‘다친’ 사람은 정말 스물다섯 명뿐인가.

부상자 스물다섯 명 중 한 사람인 박철희는 이 사고의 부

나. 조선소 노동자

상자이면서 유가족이다. 사망자 여섯 명 중 한 명인 고 박성우는 박철희의 동생이다. 그리고 박철희는 이 사고로 인한 정신적 외상(트라우마)을 산재로 인정받은 첫 번째 사람이다. 박철희를 포함해 현재까지 이 사고와 관련이 있는 사람들 중 트라우마로 산재 인정을 받은 노동자는 모두 열한 명이다.* 사고가 발생하고 나서 관련 기관을 스스로 찾아 빠르게 산재를 신청한 박철희를 제외한 나머지 열 명은 마창거제 산재추방운동연합(산추련)의 지원을 통해서 뒤늦게 산재 신청을 진행할 수 있었다.

　물론 그날 사고로 정신적 충격을 입었다고 호소한 사람이 이 열한 명만은 아니다. 노동·시민사회단체 등에서 노동자의 정신건강 문제를 제기하자 고용노동부는 사고 발생 후 42일 만에 외상 후 스트레스 장애(PTSD) 위험군을 조사했다. 당시 유효 응답자 859명 중 161명이 사고 현장을 목격한 후 불면증과 심리적 불안 증세를 보여 PTSD 위험군으로 분류되었다. 그러나 이 응답자에는 사고가 일어난 날 출근했던 노동자 중 9백 명 가량이 누락되었다. 이들은 사고 후 삼성중공업을 떠났기 때문이다. 사고 당일 출근한 사람은 1623명이었고, 그중 최소한 5백 명이 사고의 목격했을 것

---

* 총 열네 명을 지원하고 있으며 두 명은 신청이 진행 중이다.

으로 추정된다.*

그들은 왜 정신적 외상을 입고도 아무런 목소리를 내지 못하고 사라져야만 했을까. 그들은 지금 어떤 마음과 몸으로 살아가고 있을까.

이 책에는 2017년 5월 1일 삼성중공업 거제조선소 크레인 충돌 사고 현장에 있었던 김명진, 김석진, 김오성, 김재영, 김종배, 박철희, 신영호, 이정은, 진영민 아홉 사람의 이야기가 담겨 있다. 이 아홉 개의 이야기는 삼성중공업 거제조선소 크레인 참사의 진실을 알리고자 하는 목소리다. 그리고 일터에서 어떻게 위험이 방치되거나 조장되며, 누가 그 위험에 가장 가까운 노동의 현장으로 내몰리는가에 대한 세밀한 증언이다. 또 이 아홉 사람이 지금까지 살아온 과거와 현재는 우리 사회의 과거와 현재를 비추는 거울이다. 우리 사회가 어떤 미래를 선택할 것인지를 묻는 통렬한 질문이기도 하다.

---

* 고용노동부는 2017년 6월 12일 삼성중공업 거제조선소에서 노동자들을 대상으로 정신적 피해 정도에 관해 설문조사를 실시했다. 이날 총 847명이 참석했다. 이 중에서 사고 당일 출근한 노동자는 686명이었다. 사고 당일 출근한 노동자가 1623 명이었으므로 900명 정도에 대해서는 조사가 이루어지지 않은 것이다. 같은 해 9월 재직자 350명, 퇴직자 중 321명을 대상으로 2차 조사가 실시되었다. 이들 중 417명이 사고 현장을 목격했다고 답했다.

다시
괜찮아질 수
있을까요?

구술 김석진(가명)

글   홍세미

공포영화를 아무렇지 않게 보고, 무서움을 안 타서 놀이기구나 번지점프 같은 것도 좋아해요. 근데 지금은 다 못해요. 무서워요. 꿈에서 사고 당시의 공포를 반복해서 느껴요. 어디로 발을 디뎌야 살 수 있을까 하는 생각에 압도돼서 어쩔 줄 모르는 제가 꿈에 나와요. 지난달에 이사를 했거든요. 옆 건물에서 공사하는지 몰랐는데, 어느 날 집 앞에 크레인이 있더라고요. 크레인이 보이는 창문 근처로 가지도 못해요. 암막커튼을 사서 창문에 겨우 달아놓고 부엌에서 이불 깔고 자요. 어쩌다 공사 현장을 지나면 가슴이 심하게 뛰고 당시의 공포감이 그대로 재현돼요. 사고 나고 벌써 1년이나 지났는데… 언제까지 이렇게 못 벗어날지… 정말 힘들어요. 제가 너무 한심해요.

슬픈 이야기 들었을 때 더 심하게 반응해요. 아무 이유 없이 화도 금방 내고 되게 예민해졌어요. 최근엔 운 일이 많아요. 아무렇지 않게 멀쩡하다가 갑자기 큰소리가 나면 다리가 부들부들 떨리면서 멈춰지지가 않아요. 움직일 수가 없고 숨이 막혀요. 정신 차려보면 땀이 흥건하고요. 불도 다 켜놓고 자요. '아니 왜 불 다 켜놓고 이불 뒤집어쓰고 자는 거지?' 정신이 들면 제 자신이 너무 바보 같아요.

춥고 오한이 있어서 해열제를 먹었는데 이렇게 더운 날씨에 춥다고 느끼는 것도 해리현상 때문일 수 있다고 의사 선생님이 말씀하셨어요. 그러다 괜찮은 날엔 또 괜찮아요. 솔직히 정신과 약 먹는 거 거부감 있거든요. 괜찮다 싶으면 약을 안 먹었어요. 그랬더니 이젠 병원 갈 때마다 피 검사를 해요. 약을 꾸준히 먹어야지 그러면 안 된다고요. 병원에서 검사하면 약 안 먹은 걸 바로 알더라고요. 지금 먹는 약은 의료보험이 적용되거든요. 약을 잘 안 먹었다는 검사 기록이 남으면 나중에 약을 못 타게 될까 봐 불안해요. 갑자기 안 좋아지면 약이 필요하니까요. 제가 내려면 꽤 큰 금액이에요. 매달 10만 원, 15만 원 나가는데 적지 않은 부담이잖아요.

아, 저… 얼마 전에 약을 산 적이 있어요. 하아… 죽으려고요. 스위스에서 안락사할 때 쓰는 약물이라며 인터넷에서 암암리에 파는 거였어요. 30만 원이었는데 이거다 싶어서 주문했어요. 근데… 아무것도 안 왔어요. 사기였죠. 진짜 개새끼들이에요. 평소 같으면 광고 보고 사기라고 생각할 텐데 절박하니까 보고 싶은 대로 봤던 것 같아요. 제가 지금 너무 횡설수설하죠? 오기 전에 약을 먹고 와서요. 약 먹으면 좀 나른해지거든요.

나, 조선소 노동자

스무 살이 할 수 있는 일

원하던 대학에 못 가서 패배감이 되게 컸어요. 좌절감이 팽배했어요. 자존심이 되게 높은데 좌절감이 크니까… 고등학교 때 친구들도 만나고 싶지도 않았어요. 그러는 와중에 엄마와 갈등이 심해지니까 너무 힘들었어요. 엄마한테 상처를 많이 받았어요. 돈으로 쥐고 흔드니까, 돈을 벌어야겠다고 생각했어요.

대학에 입학하자마자 닥치는 대로 아르바이트를 했어요. 영어 과외도 하고 편의점 알바도 했었고, 텔레마케터도 해봤어요. 인천공항 면세점에서 안내하는 일도 했어요. 시급이 8천 원이라 높은 편이었어요. 살 집이 있으면 그 일도 괜찮았을 거예요. 근데 생활비 하고 나면 돈이 안 남았어요. 돈을 모으려면 어떤 일을 해야 할까 이것저것 재보니까 세 가지 정도가 생각이 났어요. 조선소, 에버랜드, 워킹홀리데이. 조선소나 에버랜드는 숙식이 제공된다는 게 큰 메리트였어요. 워킹홀리데이도 잘 곳이 마련되는데 초기 자본이 좀 필요하더라고요. 그때 완전 무일푼이었거든요. 그래서 에버랜드랑 조선소로 좁혀서 고민하다가 조선소를 선택했어요. 에버랜드보다 월급이 많았거든요. 조선소에서 일하면서 혼자 살 수 있는 힘을 기르자고 생각했어요. 경제적인 힘이요. 완벽하게 경제적으로 독립하는 게 목표였어요.

조선소 일당이 9만 원이라고 했어요. 당시 최저시급이 5210원이라 다른 데서 여덟 시간을 꼬박 일해도 4만 원인데 9만 원이라니까 엄청 받는다고 생각했어요. 제 목표가 3천만 원 모으는 거였거든요. 그 돈이면 인천에서 반전세 원룸을 구할 수 있어요. 그 돈만 모아놓고 군대 가는 게 제 계획이었어요. 살 곳이 있으면 하다못해 편의점 알바를 해도 먹고는 살 수 있잖아요.

1학년 1학기 기말고사 끝나자마자 거제도로 내려갔어요. 처음 일한 곳은 대우조선소였어요. 구직 사이트에서 모집 공고를 봤어요. '월급 300만 원 이상' '쉽고, 안전하고, 깨끗하다' 이런 글이랑 기숙사 사진이 있었어요. 광고만 봐서는 무슨 일을 하는지 알기 어려웠지만 돈 많이 준다고 하니까 간 거죠.

조선소에 일하러 가면서 집을 나왔어요. 그러고 얼마 안 돼서 보험회사에서 전화가 왔어요. 보험 해지 신청하셨는데 진짜 하실 거냐고요. 엄마가 제 보험을 다 끊은 거예요. 제가 성인이라 동의가 없으면 부모님이라도 못 건드린대요. 다 해지해달라고 했어요. 사실은 조금 서운했어요. 굳이 그렇게까지 해야 됐나? 그때 가족과 너무 거칠게 끊어서 돌아갈 수가 없어요. 돌아갈 건덕지가 없어요. 이젠 힘들 때

　　　　　　　　　　　　　나. 조선소 노동자

도 생각나지 않아요. 부모님 안 보고 싶어요. 조선소에서 일할 때 같이 일하는 이모들이 '어린 나이에 왜 여기 와 있냐', '엄마가 여기서 일하는 거 허락하셨냐' 자꾸 물어보시더라고요. 처음에는 피하다가 나중에는 부모님 돌아가셨다고 그랬어요. 그렇게 말하면 더 이상 안 물어보니까요. 동정이라도 받으니까요. 부모님과 싸워서 집을 나왔다고 하면 그냥 철없게 보잖아요. 근데 정말 쉽게 내린 결정이 아니었어요.

인천을 벗어나니까 일단 살 것 같았어요. 아는 사람들이랑 연락이 안 되니까 그것도 너무 좋았어요. 거제도 내려가서 첫 6개월은 되게 행복했어요. 뭐든 다 해낼 수 있을 것 같았어요. 제 또래가 가끔 있었는데 하루이틀 일하고 도망가는 경우가 흔했어요. 조선소 일이 말이 안 되니까요. 시스템도 구리고 일이 힘들기도 하고요. 같이 일하는 형들도 제가 도망갈 줄 알았는데 잘 버티니까 어린놈이 신기하다고했어요. 만으로 열아홉 살이었어요. 제대로 된 일을 해본 적이 없으니까 첫 사회생활인 셈이었죠. 낯설었어요. 전 서울말 쓰는데 거제도 사람들은 경상도 말 쓰잖아요. 처음엔 말도 잘 못 알아들었어요. 또 현장 일 하시는 분들은 조금 거칠어서 되게 힘들었어요. 돌아갈 곳이 없으니까 버텼죠. 긍정적으로 생각하려고 애썼어요.

처음 배당 받은 일은 용접이었어요. 제가 하는 일은 특별히 없었어요. 그냥 가만히 서 있으면 형들이 '이거 가져와' '저것 좀 잡고 있어' 하면서 일을 시켜요. 원래 길게 일할 생각이 아니었는데 같이 일하는 사람들이 너무 좋았어요. 어떻게 해서든 돈을 덜 주려고 한다는데 저희 물량팀장님은 몇 안 되는 좋은 사람이었어요. 운이 좋았죠. 다른 지방 사람을 처음 만난 거니까 뭐랄까, 정도 느껴졌어요. 다들 친동생처럼 잘 해주셨어요. 나중에 보니까 그 형들이 특별한 거였지 모든 사람이 그런 건 아니더라고요.

조선소 일상은 똑같아요. 기숙사는 6시에 기상해요. 저는 잠이 좀 많아서 7시쯤 일어났어요. 대충 씻고 옷 갈아입고 8시까지 일하러 갔어요. 말이 8시지, 현장 일이라는 게 7시 반까지는 가야 해요. 현장에 모여서 OJT라는 걸 해요. 가식적으로 '안전 좋아, 안전 좋아, 안전 좋아' 구호를 외쳐요. 반장님이 '오늘은 ○○가 위험하니 주의하세요' 식의 이야기를 해요. 그리고 작업하러 가는 거예요.

같이 일하는 형이 작업 지시하면 그거 따라서 하는 거죠. 아무것도 모르니까 따라만 다녔어요. 제가 호기심이 많거든요. 거대한 기계 구조물 안에 들어가서 일하는 게 신기했어요. 제가 신기해하는 것도 형들이 되게 귀여워해주셨어요. 형들도 나이가 그렇게 많은 편이 아니었어요. 20대 후반에서 30대 초반 정도. 같이 일한 형은 아이스하키 선수 하다가 그만두고 조선소에 왔다고 했어요. 운동만 10년 넘게 한 사람이라 다른 건 할 줄 아는 게 없어서 왔다고요. 그런 스토리들도 좋았어요.

겁이 없었어요. 불꽃이 몸에 튀는데도 이거 되게 신기하다, 하나도 안 뜨겁다 그랬어요. 조선소에서 받은 교육은 들어가기 전에 하는 여덟 시간 의무교육이 전부였어요. 그냥 형들이 우스갯소리처럼 조선소에서는 뛰지 말아야 하고, 뒷걸음질 치면 안 되고, 불나면 옆 사람한테도 알려줘야 한다고 이야기해준 게 다예요.

일 자체는 힘들었어요. 몸을 쓰는 일이니까요. 좁은 데 들어가서 절단하는 일이 육체노동이잖아요. 힘들긴 힘들었죠. 10킬로그램 넘게 빠졌어요. 근데 '너무 힘들다' 이런 게 아니라 건강해진 것 같은 느낌이었어요. 어디 다친 적도 없어요. 재밌었어요. 일 끝나면 형들하고 어울려 놀았어요. 여름이라 해가 늦게 지니까 바다에 낚시하러 가고 술도 마시고요. 인생 막장까지 갔다가 조선소 와서 빚 다 갚고 가정도 꾸리고 잘 사는 모습을 많이 봤어요. 사람 사는 냄새가 난다고 생각했어요.

철야, 휴일 근무, 할 수 있는 건 다 해서 첫 달에 240만 원받았어요. 전 고졸 학력에 경험도 없고 어리잖아요? 제가 할 수 있는 일 중에 조선소는 정말 최고였어요. 핸드폰도 가

장 싼 요금제 쓰고 기숙사에 와이파이 되니까 인터넷 비용
도 안 들고, 식비는 500원씩 공제하는 것 빼고는 안 들어갔
어요. 돈 나갈 데가 없으니까 통장에 차곡차곡 쌓였어요.

저는 개잡부였어요

6개월 정도 일하고 인천에 다시 올라갔어요. 복학을 하려
고 했는데 제적 처리가 되었더라고요. 조선소에서 번 돈으
로 작은 원룸을 얻었어요. 알바하면서 몇 달 살았는데 생활
이 안 되더라고요. 제로였어요. 기계처럼 쉬지 않고 일해야
겨우 생명 유지가 가능했어요. 목돈이 없으니 밑 빠진 독에
물 붓기였어요. 인천이 월세가 싼 편이 아니었거든요. 어떻
게 먹고살아야 할까, 뭘 해야 안정적으로 살 수 있을까 고민
이 많았어요.

(조선소에서) 같이 일했던 형이 일당을 11만 원으로 올려주
겠다고 내려오라고 연락을 했길래 고민하다가 가기로 결정
했어요. 다른 선택지가 없었어요. 이번에도 원청은 대우였
는데 하는 일은 달랐어요. 도장을 하게 됐어요. 일이 다 똑
같겠거니 했는데 완전히 달랐어요. 용접은 남성중심적인데
도장은 이모들이 되게 많더라고요. 그것도 나름대로 괜찮았

어요. 음… 아니다, 썩 좋은 것 같지도 않았어요. 그냥 그랬어요. 관리자도 별로고 돈 많이 주는 거 말고는 별로였어요.

도장이라는 게 페인팅이에요. 일 자체는 용접보다 수월하고 덜 위험한데 건강에는 더 해롭다고 해요. 방독면 쓰고 일해요. 배를 칠할 때 처음에 파워*라고 해서 칠을 다 벗겨내고 스프레이로 배를 칠해요. 그다음에 터치업**이 들어가서 마무리하는 거예요. 도장이라는 게 색칠만 하는 게 아니라 쇠를 보호하는 거거든요. 색칠은 컬러링한다고 이야기해요 컬러링은 문대면 되니까 쉬워요. 도장은 정해진 두께로 칠해야 쇠를 최선으로 보호할 수 있어요. 기술이 필요한 일이에요. 정식으로 배워서 한 게 아니라 초보자 때부터 이모들 따라다니면서 어깨너머로 배웠죠. 전에 용접일 할 때는 모르면 형들이 잘 알려줬는데 여기는 저를 잠깐 있다가 갈 사람 취급해서 잘 안 알려줬어요.

여기는 시스템이 좀 달랐어요. 팀으로 일한다기보다 개개인이 팀이었죠. 도장 전문 물량팀이 따로 있었는데 아예 수준이 다르더라고요. 도장 업종에서 물량팀이라고 하면 웬만한 작은 기업이었어요. 50~60명이 도장만 전문으로 하는 작

---

* 도장 작업 전에 그라인더로 철판 표면의 녹이나 불순물을 제거하는 작업.
** 도장 후에 이루어지는 취부, 용접 등의 화기 작업. 손상된 도장 부위를 롤러나 붓 등으로 덧칠해서 바르는 것.

은 기업이요. 용접하고 완전히 다르더라고요. 이모들 입김이 되게 셌어요. 찍히면 오래 다니기 어렵고 잘 보이면 '애 단가 좀 올려줘'라고 팀장에게 이야기해주기도 해요.

저는 개잡부였어요. 보조공도 아니고요. 이모들이 아예 일을 안 알려주고 쓰레기 치우는 그런 잡일만 시켰어요. 돈은 전보다 더 받았지만 자존심이 상했죠. 일 안 하면 솔직히 편하죠. 그래도 언제까지 잡일만 할 순 없잖아요. 같이 일했던 이모들은 다 숙련공이고 일을 잘하니까 돈을 많이 벌었어요. 도장 일이 용접보다 훨씬 많이 벌더라고요. 저도 많이 받을 때는 세금 떼고 450만 원 정도 받았어요. 삼성에서 한창 잘나갈 때 5, 6백만 원까지 받아봤고요. 이모들은 숙련공이니까 훨씬 많이 받으셨겠죠. 연세들이 적지 않았어요. 대개 40살, 50살, 많으신 분이 쉰아홉 살이었어요. 그 나이에 기술을 갖고 계신 거니까 이모들이 프라이드를 갖고 일하셨어요. 도장이 팔에 무리가 많이 가요. 어떤 이모가 팔이 아파서 병원을 갔는데 자기가 명품 옷 입고 가니까 의사 선생님이 팔 아픈 거 보고 '골프 치다 다치셨나 봐요, 사모님' 그랬다고 농담 삼아 이야기하시더라고요. 저한테는 그런 이모들이 귀여워 보였어요.

도장 시작할 때 잠깐 일하다 갈 뜨내기 취급 받았다고 했잖아요? 제가 좀… 붙임성이 좋은 편이라 이모들한테 잘했

나, 조선소 노동자

어요. 여행 갔다 오면 이모들한테 화장품도 사다 드리고, 잘 보이려고 노력했어요. 회사 생활이라는 게 잘 보일 사람한 테 잘 보여야 하잖아요. 그때부터 조금씩 잘 해주시더라고요. 친해지니까 기술도 가르쳐주시고요. 일이 익숙해지니까 조선소 돌아가는 구조도 보이더라고요. 조선소 일이라는 게 옮겨야 돈이 올라요. 숙련공인 이모들을 끼고 회사를 옮기면 임금이 올라요. 그런 경우가 비일비재했어요. 숙련공들이 회사를 안 나오면 일이 안 돌아가잖아요. 자체적으로 파업하는 일도 심했어요. '임금 안 맞춰주면 나 일 안 해' 하고 안 나가버리면 회사는 쩔쩔매는 거예요.

조선소는 시스템이 구려요

조선소는 초보자가 많아야 돈이 되는 구조예요. 원청에서 하청에 일을 맡길 때 노동자 임금에 해당하는 돈을 주겠죠? 예를 들어 원청에서 하청에 내린 일이 일당 20만 원 정도 받는 숙련공 열 명이 필요한 일이라고 해봐요. 그런데 하청회사에서는 필요한 인원을 다 숙련공으로 고용하는 게 아니라 숙련공 한 명에 초보자 여러 명을 붙이는 식으로 꾸려요. 숙련공은 20만 원 줘야 되는 걸 초보자는 10만 원만 주면 되거든요. 일은 숙련공이 초보자들 시켜서 하고요. 초급자들이 할 수 있는 일이 단순노동밖에 없을 테니 사실상 모든 일은 적은 수의 숙련공이 하는 거예요.

배 만든다는 게 기술이 엄청 필요한 일이잖아요. 숙련도가 중요한데 개나 소나 아무 조건 없이 다 받아요. 사람 뽑을 때 신용 정보, 범죄 기록, 아무것도 안 봐요. 누구나 진입하기 쉬워요. 일 잘하는 사람을 뽑을 필요가 없으니까요. 하청회사 입장에서는 초보자가 많아야 돈을 많이 남기니까 그런 사람들을 왕창 받는 거죠. 천 명 들어가서 작업 능률이 80퍼센트면, 일이 바쁠 때는 2천 명 받으면 160퍼센트가 날 거라고 단순하게 생각하는 식이에요. 필요한 인력을 최대한 많이 채워 넣어야 되는데 그 사람들이 어떻게 다 숙련공일 수 있겠어요? 그래서 일단 아무나 뽑아 인원수를 채우는 거예요. 그 안에 일을 잘 아는 사람과 안전교육도 제대로 못 받은 사람이 다 엉켜 있어요. 저도 처음에는 일할 줄 모르다가 숙련공 임금을 받고 싶다는 생각이 들어서 열심히 하다 보니까 임금이 오른 거예요.

원청에서는 고용된 사람을 (모두) 숙련공이라고 생각하고 작업 강도를 높여요. 그러니 숙련공들은 숙련공대로 스트레스 받고, 초보자들은 일을 안 가르쳐주니까 스트레스 받는 거예요. 그런데 초보자들이 일을 배우면 하청회사 입장에서는 돈을 더 줘야 하잖아요. 그러기 싫겠죠. 그래서 일부러 가르치지 않고 그냥 계속 숙련되지 않은 채로 두는 거예요. 구조가 정말 구려요. 초보자들은 일을 잘 모르니까 더 느려지고 더 위험해지고요.

말도 안 되고 이해 안 되는 일이 많아요. 자기도 모르게 다른 회사에 속해 있는 경우도 흔했어요. 전 제가 K기업 소속인 줄 알았는데 아니래요. 법적으로 이중취업 하면 안 되잖아요. 근로계약서는 K기업이랑 썼는데 실질적으로는 T물량팀 소속이라니요? 어떻게 저도 모르는 물량팀 소속이 될 수 있어요? 나중에 알고 봤더니 저는 T물량팀 소속도 아니었어요. 거기에 또 새끼 물량팀이 있더라고요. E라는 듣도 보도 못한 업체였어요. 특별사법경찰관인가 하는 사람이 있었어요. 조사하는 사람이요. 무미건조하게 그렇게 이야기하더라고요. '조선소의 특수한 상황'이라고요. 법률 용어 쓰면서 이야기하는데 개소리 같았어요. 제가 산재 신청 때문에 E업체를 신고했거든요? 그랬더니 E업체 사람이 저한테 막 싫은 소리, 안 좋은 소리를 해댔어요. 한 푼도 못 준다고, 자기도 당한 거라고요. 정말 거지 같아요. 말도 안 돼요. 어떻게 이런 일이 암묵적으로 계속되고 있는지 궁금해요.

이모들에게 미안해요

조선소에서 만드는 종류가 상선과 해양 플랜트, 두 가지 거든요. 상선은 물건을 싣는 배를 말하고, 해양 플랜트는 배가 아니에요. 바다에 떠서 기름을 뽑아내는 무동력 구조물이에요. 해양은 단가가 훨씬 더 높아요. 고유가 시대에는 해양 플랜트가 잘 됐어요. 이명박 대통령이 미래 성장 업종이라며 해양 플랜트를 추진했고 그때 전국적으로 많은 사람이 조선소로 모였대요. 저는 해양 플랜트 (경기가) 빠질 때쯤 들어갔고, 제가 거제도에서 도망쳐나올 때쯤에는 해양 플랜트는 거의 없었어요.

우리나라는 기름이 안 나오지만 기름 뽑는 기술은 세계에서 1위래요. 물건 싣는 배는 누구나 만들어요. 우리나라는 기름을 시추하고 싣고 가는 유조선을 만드는 기술이 뛰어난 거죠. 해양은 기술이 총집약되어 있거든요. 부가가치가 높은 산업인 거죠. 근데 지금 저유가 시대가 되면서 우리나라뿐만 아니라 전 세계 조선업이 무너지고 있대요. 완성된 해양 플랜트도 선주들이 안 들고 간대요. 저도 들은 얘기예요. 그래서 빨리빨리 완성해야 한다고, 도장이고 용접이고 모든 작업자들을 때려 넣은 거래요.

해양이 일이 쉽고 돈이 더 잘 돼요. 상선은 열 명 중 숙련공이 일고여덟 명 있어야 업무 완성도가 나오는데, 해양은 한 명의 숙련공이 보조공 아홉 명 데리고도 충분히 일을 할 수 있어요. 그래서 사람들은 해양에서 해양으로 가요. 제가 일한 곳도 다 해양이었어요. 대우에 있을 때 제가 했던 해양이 끝나가니까 '저기 해양이 남았는데 거기 돈을 많이 주니까 거기로 가요'라고 삼성 마틴으로 가자고 했던 거예요. 이모들은 대우에 남았다가 일 끝나서 상선 찾아서 갈 거라고 했어요. 그분들은 알아서 상선 찾아갈 수 있는 분들이었거든요.

조선소 자체 일감이 줄어든다는 이야기는 전에도 있긴 했어요. 이모들이 '일 떨어진다, 이제 1, 2년은 쉬어야 될 거다' 이야기한 적도 있고요. 남아야 한다, 아니다 빨리 다른 일 찾아야 한다, 이모들 사이에도 혼란이 있었어요. 그러던 중에 제가 삼성으로 가자고 한 거죠. 삼성에서 만드는 마틴에 대해서 알고 있는 사람도 꽤 있었어요. 삼성 마틴 작업 환경이 좀 그렇다고요. 그런데 제가 가자고 조른 거죠. 이모들이 삼성으로 안 갈 수 있었는데… 저 때문이에요….

이모들 같은 숙련공이랑 같이 회사를 옮기면 제 임금도 높여 받을 수 있어요. 저는 엄밀히 숙련공은 아니니까 그 정도까지 받을 수 없거든요. 그래서 제가 이모들한테 같이 회사를 옮기자고 한 거죠. 숙련공을 많이 데려갈수록 입김이 세지니까 이모들한테 조른 거예요. 형순 이모, 정희 이모, 아영이 누나, 현도 삼촌… 저까지 열 명이 2017년 4월에 삼성 마틴으로 옮겼어요.

4월 한 달은 되게 좋았어요. 삼성이 돈도 많이 주고 일도 편했거든요. 그때는 이모들이 따라오길 잘했다고 좋아하셨어요. 사고 날 거라고는 생각 못했어요. 아무도 몰랐죠. 누가 알았겠어요? 그럴 줄 알았으면 안 갔죠. 엎친 데 덮친 격으로 사고 이후로 도장 업종에 일감이 줄어서 사람을 안 뽑고 자르는 형국이었어요. 그분들은 대우에서 안 나왔으면 잘리지는 않으셨을 거예요. 본공이라는 정규직 같은 개념의 일당직이었거든요. 그런 분들은 막 자르거나 그러지 못해요. 그런 자리 버리고 일급으로 돈 많이 주는 삼성으로 왔다가 한 달 만에 일자리를 잃은 거잖아요. 아무것도 못 받고 일자리를 잃으셨으니 지금도 저를 원망하겠죠. 근데 제 탓 맞아요. 제가 막 설득을 한 거잖아요. 이모들은 돈 때문에 왔다 갔다 하면 안 좋다고도 하셨는데 제가 설득했거든요. 4월달에는 다 좋았어요. 4월달까지는…. 5월 1일 사고가 나기 전까지는 정말 다 좋았어요.

사고 난 후에 삼성에서 심리검사 한다고 당시 노동자분들 다 나오라고 한 적이 있어요. 그때 이모들을 오랜만에 만났어요. 이모들이 저 원망하시더라고요. 너 때문에 잘못된 데

　　　　　　　　　　　　　　　나, 조선소 노동자

왔다고 그랬어요. 저도 저 때문에 생긴 일 같고…. 그래서 이모들하고 연락을 끊어버렸어요. 회피하는 거죠. 너무 미안해요. 가족 같았었거든요. 같이 여행도 가고 일도 잘 가르쳐주셨어요. 제가 그때 거만하게 행동했었어요. 그렇게 사람들 모아서 데려가는 게 조선소에서 물량팀장들이 돈 버는 방식이거든요. 어떤 이모가 저한테 어린놈이 건방 떨더니 이런 꼴 날 줄 알았다면서….

늦둥이 가진 이모도 있었고, 남편이 중풍 걸린 이모도 있었고, 남편이 빚져가지고 그거 갚아나간다는 이모도 있었고…, 이모들이 꿈에 가끔 나와요. 제가 가장 무서운 건… 저 때문에 그분들 인생이 완전히 산산조각 났을까 봐…… 그게 무서워요. 죄책감이 너무 커요. 지금 그 이모들 다 일을 못 하고 계세요. 너무 죄송해요. 저를 원망하시는 게 당연해요.

치료 받지 못한 채로 계속 일을 했어요

제가 이상하다는 걸 처음에는 몰랐어요. 기숙사 같은 방 쓰던 형이 그러더라고요. 제가 자면서 울고 신음소리 낸다고요. 자면서 계속 울더래요. 갑자기 숨이 막힌 적도 있어요. 사고 당시 느낀 두려움이 너무 컸어요. 내가 죽을 수도 있다는 두려움이요. 처음 느껴보는 거였어요. 진짜 죽는구나, 이런 걸 진짜 처음 느꼈어요. 제 주변에는 죽은 사람이 없었어요. 장례식장도 한 번도 안 가봤거든요. '이렇게 죽는구나' '어느 방향으로 가야 살 수 있지?' '뭐가 또 잘못되면 어떡하지?' 그런 상황이 계속 반복되는 악몽도 꾸고 깜짝깜짝 놀라요. 저는 살고 싶었던 공포심, 그 충격 때문에 망가진 것 같아요. 약이 없으면… 그 공포심을 너무 반복해서 느껴요.

심리검사에서 제가 상태가 가장 안 좋은 상위 그룹으로 뽑혔다고 치료를 받으라고 하더라고요. 정신병원에 가는 거 안 좋게 생각할 수도 있잖아요. 앞으로 경제 활동도 해야 하고요. 병원 가는 게 꺼려져서 안 갔는데 점점 못 견디겠는 거예요. 병원에 가서 검사를 받았더니 외상 후 스트레스 장애(PTSD)라고 하더라고요. 약을 먹어야 한대요. 병원에서 진료 받고 정신과 약을 처방 받아 왔어요. 약을 먹으니까 힘든 빈도도 조금 줄고 외출도 할 수 있었어요.

며칠 집 안에만 있었던 적이 있는데 돈을 못 벌어서 불안감이 더 컸어요. 당장 어떻게 하지? 그 생각만 했어요. 당시 애인이 있었는데요. 제가 괴팍하게 변하니까 헤어졌어요. 근데 헤어진 것보다 잠을 못 자는 게 더 힘들었어요. 잠들기가 무서웠어요. 해가 몇 시에 뜨는지 계속 기억해요. 이때쯤 해가 뜨겠구나 하는 거죠. 낮에 잠깐씩 자고 밤엔 거의 못 잤어요.

제가 사고 직후부터 PTSD가 있었을 거 아니에요? 그때 술을 엄청 마셨는데 그런 와중에도 다른 일자리가 있는지 다른 팀으로 갈 수 있는지 계속 찾았어요. 인터넷이고 인력 사무소고 계속 찾았어요. 삼성 마틴을 빨리 벗어나고 싶었 어요. 근데 일이 없는 거예요. 삼성은 작업중지되고, 대우는 사람을 더 이상 안 뽑고, 그런 와중에 조선소 자체 일감은 줄고…. 그때는 진짜 죽고 싶었어요.

사고 후 한 달 휴업 기간 끝나자마자 다시 일했는데 일하 다가 도망친 적이 있어요. 옆에 계신 동료 위로 뭐가 떨어져 서 그분이 손을 살짝 찢었는데 피가 많이 났어요. 그걸 보니 까 갑자기 헛구역질이 나더라고요. 견디기 힘들어서 현장에 서 말없이 사라졌어요. 일을 제대로 못하니까 사람들이 인 간 취급을 안 해요. 뭐라고 욕해도 나가면 돈을 주니까 나간 거죠. 그 사람들도 돈을 받으니까 욕만 하지 뭐라고 못해요.

처음에는 도장을 했다가 그 일이 다 없어져서 그다음부터 족장을 했어요. 족장은 다른 작업자들이 일을 할 수 있도록 구조물을 만드는 일이에요. 건물 세울 때 구조물을 먼저 세 우잖아요. 배를 지을 때도 마찬가지로 구조물을 세워요. 족장은 그 구조물 짓고 철거하는 일이에요. 가장 위험한 일이라 기술 없는 사람들이 주로 해요. 발을 헛디디면 바로 사고로 이어지거든요. 조선소에서 가장 위험한 일이라 젊은 사람들은 잘 안 하려고 해요. 우리들끼리는 무식한 사람들이 많이 한다고 했어요. 돈도 많이 안 되는 일이거든요. 지금 조선소에 그 일밖에 없어요. 배를 다 지었으니까 구조물을 떼는 일밖에 없어요.

마음이 아픈 건 어떻게 증명해요?

사고 나고 조선소 기숙사에서 나왔어요. 기숙사에 있었으면 더 힘들었을 거예요. 거제도 시내에 보증금 5백만 원에 월 25만 원짜리 원룸을 얻었어요. 그 빌라에 저 포함 두 세대만 살았어요. 집주인한테 월세는 보증금에서 까라고 했어요. 집주인도 황당했을 거예요.

E업체 팀장이 산재 신청 때문에 저를 엄청 괴롭혔어요. 길 가다 E업체 팀장 닮은 사람을 보면 아직도 흠칫 놀라요. 사람 상상력이 무서워요. 거제도 원룸에 살 때 퇴근하는데 모르는 벤츠가 빌라 앞에 있는 거예요. 그 팀장이 외제차 끌고 다닌다는 소리를 들었거든요. 한겨울이었는데 집에 올라

나. 조선소 노동자

가지 못하고 두 시간인가 밖에 서 있었어요. 나중에는 다리가 얼어서 걸을 수가 없었어요. 그 사람 만나면 너무 힘들었어요. 힘이 있을 때는 말이나 행동이 거칠어도 그냥 그런가 보다 할 텐데 그때는 제가 너무 무기력한 거예요. 맞설 힘도 안 나고요.

제가 전에는 근로복지공단 같은 곳이 있는지도 몰랐고, 산재 신청 절차도 몰랐어요. 알바만 해도 4대 보험을 따박따박 떼가잖아요. 그 보험이 이런 혜택을 주려고 있는지도 몰랐다가 사고 대책위*를 통해서 정보를 알게 됐어요. 근로복지공단에 산재 신청을 하려고 전화를 했어요. 아픈 것을 증명하듯이 이야기해야 했어요. 마음이 아픈 건 눈에 보이지 않잖아요. 이 사람들이 꾀병으로 볼까 봐 무서웠어요. 가끔은 내가 진짜 아픈 건가? 아니면 꾀병인 건가? 내가 안 아픈데 이런 건가? 이런 생각도 들어요. 차라리 팔다리가 잘렸으면 동정이라도 받을 텐데 그러지도 못하잖아요.

1년이 걸렸어요. 산재 인정받고 보험금 받는 데 딱 1년이 걸렸어요. 공단 사람들이 저한테 뭐라고 했냐면요, 저를 담당했던 과장 그 사람은 아직도 이름을 기억해요, 그 사람이 그래요. '석진 님, 산재가 된다고 해서 경제적인 혜택도 못

---

* 삼성중공업 크레인 사고 철저한 진상 규명과 대책 마련을 위한 공동대책위원회.

볼 거고 뭐 얻어낼 수 있는 것도 없어요. 아프시다면서 지금 일은 어떻게 하시는 거예요?' 제대로 출근도 못하고 약 먹으면서 일하고 있다고 설명했어요. 그 사람이 전화 끊으면서 그러는 거예요. '목소리는 되게 건강하게 들리시네요.'

대책위 활동가분들이 저 대신 산재신청서를 작성해주시고 공단에도 함께 가주셨어요. 당시 도와주신 활동가분께 그랬어요. 공단에서 PTSD는 산재로 인정받을 수 없다던데 굳이 이렇게 스트레스 받으면서 더 이상 하고 싶지 않다고요. 다음 날 단체 이름으로 항의를 하셨나 봐요. 4일 뒤에 공단에서 그 상황에 대해서 적어서 내라고 했어요. 제출하니까 그 과장이란 사람이 태도를 완전히 바꿔서 전화하더라고요. 그때 뭔가 오해가 있었던 것 같다고. 그렇게 마음에 상처를 드려서 죄송하다고 사과도 하고요. 단체 활동가분과 전화했을 때랑 제가 전화했을 때랑 너무 달랐어요. 단체 이름으로 항의하니까 다음 날 일이 바로 해결되고…. 찾아가서 따지고 싶은데 힘도 없고, 저 말고 얼마나 많은 사람이 그런 대우를 받았을까 정말 화가 치밀어 올랐어요.

당시 도와주신 대책위 활동가분이 조금만 기다려보자고 했어요. 산재 승인 날 수 있게 열심히 하고 있다고요. 그런데 더 이상은 견딜 수가 없었어요. 너무 힘들었어요. 그 공단 과장 전화 받고 그날 수면제 2주치를 털어넣었어요. 눈을

나, 조선소 노동자

뜨니까 다음 날이었어요. 사람이 쉽게 죽지 않더라고요. 그 일 있고 도망치듯이 거제도를 나왔어요. 활동가분이 희망적으로 이야기했었어요. 산재만 인정되면 다 해결될 수 있을 거라고 이야기해서 기대를 많이 했죠. 그것만 믿고 있었는데… 그 과장이란 사람이 그런 식으로 이야기하니까 그 희망들이 다 부서져버린 것 같았어요. 집 정리라고 할 것도 없었어요. 그냥 다 놓고 몸만 나왔어요.

12월 말에 인천에 올라왔어요. 거제도를 벗어나면 마음이 편할 줄 알았어요. 인천은 살던 곳이고 친구들도 있으니까요. 근데 안 편하더라고요. 딱 와서 첫날 자는데 똑같았어요. 제가 이상한 거지 다른 건 다 정상이었어요. 인천으로 올라왔지만 갈 곳이 없어서 한 달 정도 아는 형 집에 있다가 핸드폰 부동산 앱으로 가장 가까운 원룸을 구하고 1월에 이사했어요. 가진 게 아무것도 없어서 마트에서 이불이랑 베개만 샀어요. 침대, 책상, 숟가락, 젓가락, 필요한 건 핸드폰으로 주문했고요. 음식은 하루에 한 번 시켜 먹었어요.

1월 말인가 산재 승인이 났다고 대책위에서 연락이 왔어요. 소식 듣고 울었어요. 그냥… 너무… 좋은 거예요. 펑펑 울었어요. 그때 잠깐 괜찮았어요. 당시에 희망차게 직업도 알아보고 일도 하고 그랬어요. 훌훌 털고 싶었거든요. 그런데 똑같았어요. 똑같이 못 자고, 똑같이 불안하고, 똑같이 악몽 꾸고. 그래서 지금은 아무 생각이 없어요. 힘이 없다고 해야 하나?

정신병원 가는 사람은 이상한 사람 취급하잖아요? 그래서 아예 치료 받고 있다는 말을 안 해요. 제가 덩치도 있고 키가 크잖아요. '체격도 좋고 젊은 사람이 뭘 그렇게 힘들어 해? 툭툭 털어' 이런 이야길 쉽게 해요. 사람들이 마음의 고통은 몰라요. 상상이 안 되니까, 안 겪어본 일은 상상이 안 되잖아요. 겪어봐야 알아요. 지금 제 상황이 제가 보기에도 말이 안 된다고 생각해요. 내 정신 상태가 나약해서 그런 건가? 왜 시간 낭비하고 아무것도 못하고 있지? 이런 생각을 계속 해요.

밤에 잠드는 게 무서워서 못 잤는데 요새는 잘 자요. 되게 센 약을 먹거든요. 처방약을 먹으면 안 잘 수가 없어요. 먹고 15분 지나면 몽롱해져서 기절하듯이 자요. 언제 깨느냐가 관건이죠. 그래도 악몽을 안 꾸고 자게 해주는 약이 있다는 게 신기해요. 약 먹으면 식욕도 증가해요. 살이 많이 쪘어요. 원래는 75킬로 정도인데 지금은 115킬로예요.

한번은 아침에 눈 떠보니까 친구들하고 속초에 있더라고요. 렌터카 빌려서 속초를 간 거예요. 근데 그게 통째로 기억이 안 나요. 제가 전날 이상한 목소리로 친구들한테 연락을 했대요. 친구들이 걱정돼서 나왔는데 제가 속초에 가자

고 했대요. 친구들 태워서 바로 속초로 간 거예요. 고속도로
에서 제가 이상한 소리를 하면서 후진을 했대요. 그걸 선생
님한테 이야기했더니 해리성 둔주*라는 현상이래요. 스트레
스를 많이 받으면 그런 현상이 있을 수도 있대요. 미쳐가는
것 같다는 생각도 해요. 사고 당시 이야기는 하려고 하면 아
직도 가슴 떨리고 울음이 나요. 1년이 훨씬 지났는데도요.

저 언제 괜찮아질까요?

제가 고등학교 때 학생회장이었어요. 그때 수학 선생님이
갑자기 잘리고 교장 인척이 부임하는 사건이 있었어요. 저
희는 다 그 선생님 수업 듣고 있었거든요. 부당하다고 생각
해서 학생회 친구들과 함께 상담 선생님 찾아가서 이야기
했어요. '학교에 이런 부당한 일이 일어났으니 교육청과 신
문사에 알릴 거다.' 근데 다음 날 학교에 공고가 붙었더라고
요. 학교 명예를 실추시키면 퇴학 사유가 된다고요. 교장 선
생님께 이야기한 사람이 상담 선생님이란 건 나중에 알았어

---

* 기억상실과 함께 일어나는 장애. 자신의 과거나 정체성을 잃어버리고 갑자기 가정
  과 직장을 떠나 행방불명되거나 예정에 없는 여행을 하는 경우가 있다.

요. 상담 선생님이 저희 엄마 아는 분의 친구더라고요. 그분이 자기 친구에게 '우리 학교 회장 애가 영웅 놀이에 빠져서 학생들을 선동한다'는 식으로 이야기한 거예요. 그리고 '그 학교 회장이면 석진이 아니야?'라고 엄마한테 전해진 거죠. 그때부터 엄마와 갈등이 생겼어요. 일 벌이지 말라고 난리가 났죠.

저는 상담사를 좋은 사람이라고 생각했어요. 근데 되게 기술인이더라고요. 그 사람들은 기술을 배우는 거잖아요. 잘 들어주는 척, 공감해주는 척하는 기술이요. 나도 배우면 그렇게 할 수 있어요. 내 말을 정말로 공감하는 게 아니라 공감하는 척하는 건데, 그 사람 앞에서 속마음 다 이야기하고 울고 고백하고 그러고 치유 받았다고 하는 거잖아요. 가짜한테 속아서 말이에요. 전 상담 받기 싫어요. 다 가증스러워요. 그래서 지금 약물 치료만 하고 있어요. 상담을 권해주시지만 하기 싫어요. 여기서(산추련) 소개해준 상담 선생님이 있었는데 전화로만 하기로 했어요. 만나기는 싫어요.

생각해보면 그때도 쓰잘데기 없이 총대 멘 거 같아요. 그땐 좋은 마음이라고 생각했는데, 좋은 마음도 아니에요. 사춘기라고 해야 하나? 마음에 끓어오르는 게 있었던 것 같아요. 잘못된 거 보면 바꿔야 한다고 생각했죠. 성격이 오지랖인 거 같기도 하고 평범하게 조용하게 공부나 하고 대학이

나 갈걸… 후회스러워요.

꿈이라고 특별한 건 없었어요. 그냥 보증금 정도 목돈 만들어놓고 12월에 군대 갔다 오는 거요. 사고 이후 돈을 많이 썼어요. 모아놓은 돈을 다 썼어요. 집 구하고 이것저것 쓰다 보니까 돈이 없더라고요. 사는 곳 근처에 친구나 가족… 없어요. 연락 잘 안 하고 지내요.

불안한 감정을 해결하려면요? 글쎄요. 일단 약을 잘 먹어야죠. 잘 모르겠어요. 저번 주에 병원 가서 선생님한테 물어봤거든요. '저 언제 괜찮아질까요?' 의사 선생님이 그래요. '일단 제가 시키는 대로 약 잘 드셔주시고… 저 믿으세요.'

독서, 여행을 좋아해요

책 읽는 걸 좋아해요. 어릴 땐 진짜 좋아했어요. 스물한 살 이후로는 많이 못 읽었어요. 집중이 잘 안 돼요. 정치, 철학 책도 좋아하고 문학 책도 좋아하고 심오한 이야기도 좋아했어요. 헤르만 헤세의 『수레바퀴』, 신경숙의 『외딴방』을 재밌게 읽었어요.

중학교 3학년 때부터 고등학교 2학년 말까지 청소년 인문학 토론 모임을 했어요. 두 달에 한 번씩 (인천) 부평역 근처

카페에서 만났어요. 청소년인 우리가 정의나 인문학에 대해 이야기할 수 있다는 것 자체가 신기했어요. 옛날 문헌, 윤리나 사상, 철학 중에서 주제를 정하려고 기획팀에서 먼저 공부를 해요. 주제가 정해지면 인터넷으로 홍보해서 또래 참가자를 모으고 정해둔 주제로 두세 시간 토론하는 거예요. 카페에서 기획팀 회의하고 정기 모임은 근처 대학교에서 했어요. 다른 애들은 게임하는데 우리는 그 시간에 정치나 철학, 윤리, 사상 같은 이야기하고 책 읽고 토론하는 게 너무 좋았어요. 그 친구들과 함께한 시간만큼 제 생각을 키웠던 것 같아요. '자본주의가 옳은가', '실현된 공산주의가 있는가' 같은 주제로 발제자가 조사해 와서 참가자들과 토론했어요. 돌아보면 그때가 가장 행복했던 것 같아요.

저는 공부 모임 기획팀이었는데 대단한 친구들이 많았어요. 기획팀장은 매번 파주에서 인천까지 왔어요. 인천에 청소년 인문학 모임이 없었는데 그 친구가 만든 거예요. 정말 대단한 여자애였어요. 너무 멋있었어요. 말도 잘하고 공부도 잘하고. 채식주의자인 친구도 있었는데 채식하는 사람을 처음 봤어요. 김밥에서 어묵을 빼고 먹길래 '고기 안 먹으면 무슨 맛으로 살아요?' 물었더니 고기 종류를 다 대보라는 거예요. 인터넷에 식물 치면 먹을 수 있는 식물이 고기 종류보다 천 배는 많대요. 얼마나 먹을 게 많은데 굳이 동물까지 살생하면서 먹어야겠냐고 하더라고요. 멋있는 사람이 너무 많았어요. 그때 만났던 친구들이 계속 연락하는데 제가 안 만나요.

요즘 일제강점기가 배경인 드라마를 보는데 참 재밌어요. 문학 작품이나 영화 중에서 일제강점기나 근대 뉴욕이 배경인 이야기를 좋아해요. 천박한 자본주의, 돈이면 뭐든 할 수 있는 황금만능주의가 판치는 시대 이야기가 너무 재밌어요. 인간의 적나라함을 다 보여주잖아요. 그 드라마에서 인상 깊은 장면이 있었어요. 어린 종이 까마귀 소리가 나니까 하늘을 봐요. 양반 어르신이 어린 종을 보고 이렇게 이야기해요. '땅을 보고 살아라. 종놈 눈길이 멀면 명이 짧은 법이다.' 그 대사가 계속 머리에 남아요. 내 한계 너머를 보고 살면 안 된다는 그런 의미잖아요.

고등학교 때 내가 뭐라고 그런 행동을 한 걸까요? 안 보고 안 듣고 안 생각하고 적당히 타협했으면 됐을 텐데 제가 뭐 그렇게 의로운 사람이라고 말이에요. 인생이 계속 꼬이는 것 같아요. 제가 재미있어했던 일은 의미가 없는 게 많았어요. 그런 걸 안다고 돈이 생기는 건 아니잖아요. 사는데 불편하기만 한 것 같아요. 원래 치매 환자가 가장 행복하다고 하잖아요.

제가 좋아하는 거요? 책 읽는 거랑… 아, 여행이요. 초여름 이맘때 거제도에 수국화가 많이 펴요. 해안도로가 되게 넓은데, 그 길 따라 수국화가 쫙 펴요. 정말 아름다워요. 자주 갔어요. 조선소에서 돈 모아서 유럽 여행도 갔어요. 가장 기억에 남는 곳은 피렌체예요. 두오모 성당이 되게 유명하거든요. 노을 질 때 올라가서 내려다보면 다 주황색이에요. 성당 위에 올라가서 노을 질 때까지 기다렸어요. 하늘도 주황색, 지붕들도 주황색, 정말 아름다웠어요. 원래 이틀만 있으려고 했는데 일주일을 있었어요. 매일 저녁 올라가서 노을을 봤어요. 지금도 눈 감으면 그 장면이 기억이 나요. 그리워요.

나. 조선소 노동자

꿈을 꾸기엔
이제 늦었지

구술 이정은(가명)
기록 이미영, 이은주
글   유해정

"여보. 흑흑흑"

"당신 왜 그래? 무슨 일 있어? 뭔 일이야?"

"사고가 났어."

"사고? 당신 괜찮어? 어디 안 다쳤어?"

"난 괜찮은데 사람들이, 흑흑, 사람들이 죽었어. 흑흑흑."

"누가? ○○씨는 괜찮아? △△씨도 별일 없고?"

6층에서 겨우겨우 내려와서 엘리베이터를 타고 밑으러 내려왔는데, 사실 어떻게 내려왔는지도 모르겠고. 다리가 후들후들 떨리고, 가슴이 너무, 막 벌벌벌벌 떨리고 안정이 안 되는 거야. 신랑한테 전화를 했지. 사고가 났는데 너무 가슴 떨리고 진정이 안 된다고, 가야 되는데, 발이, 몸이 안 움직여져서 도저히 못 움직이겠다고, 아무 생각도 안 난다고…. 좀 이따 남편이 데리러 왔나 그랬을 거야.

그날 저녁에 병원에 갔어. 그즈음에 내가 일을 엄청 해서 많이 지치기도 했고 체력도 바닥이었는데 사고 난 것까지 보고 나니까 몸이 확 무너져버린 거야. 의사 샘이 날 보드만 입원을 해서 안정을 좀 취해야 되겠다고 그래. 근데 다음 날 출근 걱정부터 되는 거야. 확인해보니 사고 나서 일을 못한대. 노동부에서 와서 배에 못 올라가게 하고, 작업중지명령 내렸다고. 그래 엎어진 김에 쉬어가자며 입원을 했지. 주사 한 대 맞고 링거 꽂았는데, 스르르륵 잠이 든 거야. 눈 떠 보니 아침이야. "어제 완전히 뻗었던데 왜 그래요?" 간호사가 물어. 내가 전에도 자주 아파서 어깨 주사도 맞으러 다니던 병원이라 안면이 있었거든. 사실 어저께 조선소에서 사람 죽는 사고가 났다고 하니까 "아 그래서 그랬구나" 하면서, 내가 밤새 꿈쩍도 안 하더래는 거야. 링거 빼는 것도 모르고 축 늘어져서 혹시나 무슨 일 있을까 봐 자기가 몇 번이나 왔다 갔다 했다고 그러더라고.

그 뒤 며칠은 정말 죽겠더라. 자꾸 뉴스에도 나오고 그러니까, 아이고, 그 사람이 압사당한 거…, 그 장면만 자꾸 생각나고…. 저 가족들은 어쩔까 싶은 생각이 막 드는 게…, 또 내가 진짜 조금만 아래쪽에 있었으면 내가 저 상황이 됐을 텐데 싶고…. 눈물이 막 나더라고. 우리 애들이랑 손자가 병문안 왔는데 애들 쳐다보니까 더 눈물이 나고, 손자 쳐다보면 막…, 아…, 하아…. 잘 모르는 사람들은 내가 이런 이야기 하면, '뭐가 그럴까?' 싶을 거야. 나도 서울 살 때는 조선소가 월급도 잘 나오고, IMF도 없었다고 들어서 사람 살만한 줄 알고 온 거니까.

　　　　　　　　　　　　　　　　나, 조선소 노동자

마흔여섯 조선소 용접공으로

솔직히 내가 망해갖고 여기 내려왔거든. 남편은 2001년에 먼저 내려오고 나는 서울에서 어떻게든 버텨보려 했는데 결국은 다 망해먹고 내려왔지. 의류 쪽 일을 했는데 그때가 완전히 사양길이었어.

마흔여섯에 조선소에 처음 들어갔어. 애들은 다 키웠으니 내 손이 따로 필요하진 않을 때라 일어서려고 진짜 5, 6년은 앞뒤 안 보고, 야간도 마다하지 않고 용접 일을 했어. 그러면서 내가 맨날 했던 소리가 그랬어. '망하려면 차라리 4, 5년 전에 망했으면 좋았을 텐데, 내가 진짜 5년만 빨리 왔으면 좋았을 텐데….' 나 오기 4, 5년 전만 해도 조선소 경기가 괜찮았대. 일이 많아서 바지런만 떨면 좀 더 좋은 때였다는데, 내가 내려온 뒤에는 몸으로 때우고 싶어도 일이 없어 때울 수가 없는 상황이니까.

처음 용접 배울 때는 아침에 출근하면 전날 내가 작업한 곳부터 갔어. 가서 잘 됐나 잘 못했나 보고 다른 사람 거를 봐. 내가 모르니까 그걸 보면서 '아, 내가 좀 못했구나. 근데 뭐 때문에 이렇게 됐을까?' 궁리를 하는 거야. 내가 일 욕심이 있어서 맡은 일에 무슨 말이 나오는 걸 못 견뎠어. 뭐 하나를 하더라도 다 내가 배우고 그만둔다는 소신도 있고. 그렇게 배워가면서 용접 일을 하다가 나중에는 야간에 캐리지라고 자동용접기*를 다뤘어. 야간만 5년, 6년을 했지. 캐리지 무게가 옛날 거는 15킬로 정도 나가고, 요새 나온 거는 10, 12킬로 정도 나가. 그걸 한 대만 보는 게 아냐. 기본 두 대, 바쁘면 여섯 대까지 봤어. 큰 배는 재단된 철판을 용접하고 조립해 블록을 만들고, 그 블록을 탑재해서 만드는데, 매일 그 블록 안 철판 위를 뛰어다니면서 일한 거지.

'내가 최선을 다하면 언젠가는 알아주겠지' 그러면서 진짜 열심히 했어. 그러니까 팀장이 나를 반장을 시킬라 그러더라. 일했던 업체에서 여자는 반장 안 시킨다고 반대를 해서 못했는데, 반장 못 됐다고 서운한 마음 같은 건 없었어. 오히려 인정받은 것 같아서 마음이 좋았어. 일도 재미지고, 애들도 잘 따르고, 뭐니 뭐니 해도 돈을 반장급으로 받았으니 잡일만 많은 반장 감투에 연연할 필요가 없었지. 반장은 아니었지만 반장처럼 일했어. 매일 아침 남보다 먼저 출근해서 오늘 작업은 뭘 해야겠다, 어떻게 해야겠다 보고, 오늘은 뭐가 내려오겠다, 오늘 일이 이 정도면 내가 철판 몇 대를 용접해야 하는구나 미리 계산해서 준비를 했지. 반장이

---

* 아크 용접에서 전류 조절, 아크 발생, 용접봉 공급 따위를 자동으로 하고, 일정한 온도로 용접하는 용접기. 자동용접기를 철판 위에 세팅하고 용접이 완료되면 수거하는 작업을 했다는 표현이다.

나, 조선소 노동자

일일이 얘기를 다 안 해도 아는 거야. 그래 하루 작업량 나오면 반장이 나한테 '이모, 오늘 이거 이거 나갈 거니깐 애들 데리고 하세요' 그러면서 외국 애들을 붙여줘. 그럼 내가 그 애들을 가르치는 거지. 나는 일할 때만큼은 확실하게 하거든. 뭐라 그럴 때는 확실히 뭐라 그러고, 안아줄 때는 또 제대로 안아주고 그러다 보니까 잘 따라오는 애들도 생기고. 눈빛만 딱 보고 '아, 오늘 이모가 이만큼 할 텐데 우리도 이만큼은 해야겠다' 서로 알게 되니까 참 재밌게 일할 수가 있었어.

보통 야근하면 밤 12시까지 하거든. 뒷정리까지 하고 나면 새벽 1시는 돼야 공장 문을 나서. 한번은 야근을 하는데 비가 엄청 많이 왔어. 별수 있나? 그 비를 흠뻑 맞아가며 일을 하고는 끝내곤 회식을 갔어. 앉아서 술 한 잔 마시니 시간이 후딱 가더라고. 특히 여름엔 아침이 빨리 오잖아? 가려니까 반장이 "이모, 아침밥 먹고 가" 그래. 그냥 간다니까 "이모, 우리가 들어가면 애들이 따로 밥 챙겨 먹어야 하니까 그냥 아침밥 먹이고 들어가자" 그러는 거야. 외국 애들은 아침밥 챙겨먹을 데가 없으니까. 그래 다 같이 아침 먹고 나니 새벽 5시가 넘었는데, 비는 계속 억수같이 오는데 우산이 없어. 그러니까 애들이 그 비를 철떡철떡 다 맞으며 나를 우리 집까지 데려다주고 가고. 다음 날 만나서는 "어제 우리

참 재밌었다, 그치?" 하면서 또 일하고. 우리 팀이 다섯 명인데, 외국 애들이 많아도 간단한 말은 서로 할 수가 있고, 또 눈빛만 봐도 아는 게 있으니까. 아… 추억들도 많고, 참 재밌었어.

그러니까 그만둘 때 그만둔단 소리도 못 하겠더라. 그냥 '아파서, 아픈 거 다 나아서 올게' 그랬어. 그랬더니 같이 일했던 태국 친구가 하루는 일 끝나고 전화를 했더라고. "이모, 나 좀 보고 가요." "왜?" "일단 와보세요." 가보니 마사지 티켓 끊어놓은 걸 주면서 그래. "이모, 빨리 나아서 와야 돼." 마지막 회식을 하는데 또 다른 태국 친구가 10만 원짜리 상품권을 선물로 주는 거야. 빨리 오라고. 그날 완전히 울고불고 난리가 아니었어. 우리는 패밀리라고, 우리는 패밀리라고…. 솔직히 걔네들하고 같이 있고 싶고 나도 거기 있으면 편하지. 내가 일하는 시간만 많았으면 안 나왔을 거야. 치료 후에 다시 돌아갔을 텐데 일감이 너무 없어서 생활이 어렵다 보니까 그럴 수가 없더라고. 조선소엔 다 돈 때문에 다니는 거니까….

거기 그만두고 잠시 다른 외주업체 통해서 돌아다니며 일을 좀 했는데, 일을 하면 보통 몇 시간은 해야 되는데 일이 없어서 맨날 일하다 들어오고 일하다 들어오고. 또 야간 일을 해도 일당을 다 안 쳐주고 일한 시간만큼만 딱딱 쳐주니

나, 조선소 노동자

까 아휴, 이래갖고는 더 못하겠다 싶었지. 그때 조선소 경기가 안 좋아서 전체적으로 일이 별로 없었어.

진짜 무섭던 도장 일

결국 용접하다 생긴 디스크 고친다고 허리에 핀 박는 수술을 하고 5개월인가를 쉬었어. 돈이 없으니 물리치료도 제대로 못 받고 목욕탕 끊어서 온찜질만 받듯이 했는데, 거기서 만난 언니가 내 사정을 듣더니 자기가 대우에 다니는데 의향 있으면 대우로 와서 일해보라고 그러더라고. 내가 허리 때문에 고민하니깐 수술 받은 건 문제가 안 되고 허리 힘 측정하는 완력 테스트만 통과하면 된대. 그래 대우에 가서 일하려고 테스트를 받았는데 결과가 좋았어. 용접 일은 안 되지만 다행히 도장 일은 괜찮대. 그때는 도장 일이 엄청 바빠서 나 같은 신참도 오면 일 주고 그런 시절이었거든. 그렇게 대우에 들어갔는데, 그때가 2015년 10월인가 그랬어. 그때 내 나이? 쉰둘.

도장 일을 하러 대우에 들어갔는데, 처음에는 남편이 나 때문에 욕을 많이 먹었어. 도장 일이 남자들 사이에서는 소문이 엄청 안 좋았거든. 요새는 방독면이 좋아져서 페인트

나 시너 냄새를 덜 맡는데, 옛날에는 제대로 된 장비도 없이 밀폐된 공간에서 작업을 하다 보니까 전부 시너 냄새에 취해서 나왔대. 거의 환각 상태에서 나오니까 안 좋은 소문이 났던 거지. 사실 나도 처음에는 그런 편견이 있었어. 또 도장 일은 처음이고 주변에서 걱정도 많으니까 독한 시너 냄새 못 견디겠음 그만둬야겠다 생각도 했어. 근데 도장하는 데 들어가보니까 일은 어려운데 진짜 열심히 사는 엄마들이 너무 많은 거야. 신랑 죽고 애 둘 키우면서 잔업, 특근까지 몇 백 시간씩 하며 10년 동안 산 사람도 있고, 진짜 억척들이더라고. 힘들게 일하면서도 애들 키우고 다 대학 보내고 이러는데 그 엄마들이 너무 긍정적이야. 아, 진짜 진솔하다 싶고. 아, 우리 엄마라는 힘이…. 그런 사람들과 부딪혀보니까 내가 진짜 너무 행복하게 산 거더라고. 그래 내가 들어가서 도장 일 하면서 '내가 참 못났다' 그런 생각을 참 많이 했어.

근데 처음에는 나를 소개시켜준 이가 15일 만에 그만둬서 나도 더 다녀야 하나 말아야 하나 고민을 엄청 했어. 용접할 때는 내가 날라다녔지만 도장은 내가 진짜, 말하자면 기는 것도 아니고 이제 갓 태어난 애야, 애. 태어난 지 삼칠일도 안 된 신생아. 용접할 때는 블록 쪽에서 용접만 하니까 배 위에 올라갈 일이 없었거든. 도장 일 하면서 처음 배

위에 올라갔는데 사람들이 선미(배 앞쪽), 선수(배 뒤쪽), 스타보드(우현), 포트(좌현) 이런 얘기를 하는데 내가 뭘 아나? 뭐가 뭔지 모르니까 사람들 가면 쫓아다니기 바쁜 거야. 화장실을 가고 싶어도 길 잃어버릴까 봐 옆 사람이 갈 때까지 꾹 참고 있다가 쫓아가고 쫓아가고. 그래 내가 아는 사람 하나 없는 데서 어떻게 견딜까 싶어서, 더 다녀야 하나 진짜 고민 많이 했어.

근데 우리 반에 10년 동안 애를 키우면서 도장 일 했던 엄마가 있어. 그이가 키가 153센티인가 밖에 안 돼. 나는 덩치나 크지만 걔는 여리여리해. 그런데도 어디서 그런 힘이 나와서 그렇게 억척스럽게 하나 싶은데, 그 엄마가 딱 와갖고 그러더라고. "언니, 이왕 들어왔으니 우리하고 같이 그냥 여기서 해요. 다른 데 가도 마찬가지예요. 어차피 언니 일해야 되잖아요." 그 말이 맞는 거야. 내가 이제 도장 일을 할라 그러면 어디 가도 낯선 사람 만나야 되고 일을 배워야 하거든. 그러니 며칠이라도 같이 있던 사람이 낫겠다 싶어서 "그래, 그러면 나 좀 도와줘. 나 아무도 몰라" 그러니깐 알았대. 그 뒤부터 그이가 나를 챙기기 시작했는데 내가 그 엄마를 '사부'라 부르며 따라다녔지. 사부하고 짝 맞춰 가는 날은 마음이 놓여. 일도 잘 되고. 하지만 따로 가는 날은 불안한 거야, 물어볼 사람도 없고. 또 내 성격이 확실하게 일을 안 하면 못 견디는 스타일이라서 더 힘들더라고.

도장 일이 무섭고 힘들어. 기계 작업대가 있어서 그 위에서 일하면 있잖아, 공간이 아주 좁고 기다래. 한 요만치, 30, 40센티밖에 안 되는 데 거기 올라서야 해. 솔직히 누가 거길 올라갈라 그러겠어? 서로 안 올라갈라 그러면 우리 사부가 먼저 딱 올라가. 그럼 나도 올라가야 하는 거야. 또 진짜 이렇게 낮고 좁은 데는 있잖아, 기어서 들어가야 해. 들어가면 꼼짝도 못하는데 도장을 할라치면 누워서 팔을 정말 이렇게 안쪽으로 조금씩만 뻗어서 붓질을 해야 되고. 엔진룸 바닥을 탱크라고 하는데 거기도 폭이 30~50센티밖에 안 돼. 거기도 일상적으로 들어가고. 또 진짜 몸이 완전히 안 들어가는 데는 장대 갖고서라도 해야 하고, 손 하나 안 들어가도 어떻게 해서라도 다 붓질을 해야 하는 상황인데, 도장할 때 보면 그렇게 좁은 데가 많아. 일 안 해본 사람은 상상을 못해. 사람이 어떻게 저런 데 들어가서 일을 하지 그럴 거야.

하지만 수단과 방법을 안 가리고 해내야 그게 A급이야. 내가 도장 생활을 많이 안 했지만은 진짜 그런 데 들어가서 일을 하는데 한 3개월 되니까 사부가 그러더라고. "언니야, 이제 가르칠 게 없다. 나보다 더 잘한다." 물론 힘내라고 하는 말이었겠지만 그래도 그 정도가 될라면 얼마나 열심히 했겠어?

나, 조선소 노동자

첫 월급날이 아직도 생생해. 도장 작업 첫 월급날이 다가오는데 과연 월급을 얼마큼이나 줄까? 남들만큼 줄까? 엄청 신경이 쓰이는 거야. 월급날 반장이 부르더라고. 월급 측정을 이래 했다 하면서 지금처럼만 일해달라고, 그러면 경력자만큼 주겠다고. 반장이 내가 일하는 게 맘에 들었는지, 신참이 아니라 경력이 얼마큼 있다 사무실에 얘기를 해줘서 회사에서 그거를 맞춰서 줬어. 그러니까 나도 이제 부담이 되잖아. 회사에서 안 쉬면 나도 안 쉬고, 토요일이고 일요일이고 없고. 어떤 때는 30일 동안 하루도 안 쉬고 한 달 내내 출근해서 일했어. 잔업하는 거 다 하고. 솔직히 우리 같은 사람들은 돈이 되고 인정받고 그러면 힘든 게 뭔지 몰라. 내가 2010년서부터 하루하루 돈 번 거를 달력에 매일 체크했어. 보여달라 그러면 보여줄 수도 있어. 차곡차곡 쌓이니까 이상하게 그래 돈을 모으고 싶더라. 일 욕심도 나고.

먼지 구덩이에서 뒹굴고 밥 먹으며

대우에서 1년 반 정도 있다가 2016년 12월 20일에 같이 도장 일 하던 사람들이 팀으로 삼성에 왔어. 온 첫날 체력 테스트하고 안전교육 받고 다음 날부터 근무를 했는데, 해양 플랜트라는 걸 그때 처음 해봤어. 첫 배가 익시스지.

먼저 하던 본토 팀들이 있고, 우리는 늦게 들어간 팀이니까 일을 하면 항상 우리가 아웃사이드인 거야. 겨울철 바다 바람이 얼마나 매서워. 페인트를 칠하면 페인트가 획 날아갈 정도로 바람이 세게 부는데, 그래도 일을 하는 거야. 외부에 보호막이라도 치면 조금 나을 텐데 우리 팀엔 남자가 별로 없었으니까 처줄 사람이 없어서 맨날 그렇게 일을 했어. 그래 사부가 "언니야, 오늘 해보고 안 되면 우리 가자", 다음 날 되면 또 "며칠만 해보고 안 되면 가자. 너무너무 추워서 못 견디겠다" 그러고. 외등 있잖아? 외등 켜놓은 데 손 대면 좀 따듯하거든. 그 외등에다 손 덥히고. 핫팩을 손등이랑 발등에 붙이고 엉덩이에도 붙였는데 화상 입을 정도로 붙여도 춥지. 그때 동상도 걸리고 그랬다니까. 그렇게 익시스에서 겨울을 나고 봄에 마틴으로 넘어갔어. 그때가 4월이었을 거야.

마틴은 진짜 환경이 열악했어. 거기는 판자촌도 아니고 포장? 천막촌이라고 해야 되나? 옷 갈아입을 곳이 없어. 익시스는 컨테이너박스 알지? 컨테이너박스 안에서 옷을 갈아입었어. 근데 한번 생각해봐. 컨테이너박스 안이 텅 빈 게 아니라 사물함이 있다 보니 사람 있을 틈이 요만큼밖에 안 돼. 근데 거기서 30명이 뭐야, 한번 들어가면 와글와글 해갖

나. 조선소 노동자

고 옷 한번 갈아입으려면 진짜. 근데 마틴에 가니 익시스 시절이 좋았더라고. 제대로 옷 갈아입으러 가려면 걸어서 15분 내지 20분은 가야 돼. 그럼 누가 거기까지 가겠어? 안 가지. 전부 다 천막 쳐놓고 그 안에서 갈아입는데 천막을 못 치는 사람들도 있잖아? 그러니까 옷 갈아입으려고 경쟁이 벌어지고 난리도 아니었어. 천막이니까 그 안이 얼마나 더워. 지난해(2017년)는 봄부터 엄청 더워서 4월달에도 엄청 더웠으니 난리였지 난리.

가서 보니까 마틴은 또 블록이라 일할 게 너무 많더라고. 그게 뭐냐면 블록들을 하나씩 하나씩 작업해서 배 위에 앉히는 거야. 그렇게 블록들을 올려서 큰 배를 만드는 거지. 또 안에 들어가면 배관이고 구조가 엄청 복잡해. 근데 엘리베이터는 또 얼마나 작은지 알아? 아침에 출근해서 엘리베이터 탈라 그러면 한참을 줄 서서 기다려야 하고, 점심에도 내려갈 수가 없는 게 사람은 많고 엘리베이터는 좁으니까 밥 먹으러 내려갔다 올라오면 일하는 시간이야. 쉬는 시간이라는 게 없지. 그래 우리는 점심 먹으러 안 내려간다며 도시락을 싸갖고 올라갔어. 특히 날 더워지면 잠깐이라도 쉬고 싶고 한숨이라도 자고 싶으니까 도시락을 챙겨 올라가서 그 먼지구덩이에서 먹는 거야. 돈을 벌라면 먼지구덩이에서 뒹굴고 밥 먹는 거 정도는 감수해야 하는 거지. 다른 데보다 월급은 더 주니까. 그래 그렇게 일하고 먹으면서도 웃음은 잃지 않았어. 우리끼린 진짜 참 재밌게 일했거든.

일상화된 혼재 작업

일은 괜찮았냐고? 말해 뭐해? 일 돌아가는 체계가 엉망이었어, 엉망. 우리 도장만 들어가서 일하면 괜찮은데 보온재를 부착하는 작업까지 동시에 같이 집어넣으니까 보온 공사하고 간 자리에서 우리가 일을 하면 보온재에서 떨어진 껄끄러운 섬유들이 엉켜서 몸이 엄청 까끄러워. 막 콕콕콕콕 쏴. 또 보온 공사한다고 뜯어낸 잔여물도 다 우리가 청소를 해야 하는 거야. 혼재 작업을 안 시키고 한 (하청)회사에서 한 블록씩 딱 맡아서 일을 하면 일이 체계적으로 될 텐데, 이게 한 회사가 아니야. 몇 층은 A사, 몇 층은 B사, 몇 층은 C사… 이렇게 다 다르니까 회사마다 작업 내용이 다 다른 거지. 그래 아래층에 죽어라 페인트 발라놨는데 위에서 에어를 불어. 그럼 우린 어쩌라고? 나중에 페인트 다 긁어내고 도장을 다시 한다니까. 그런 일들이 반복되는데, 나는 진짜 위에 있는 사람들이 돌대가리들 아닌가 싶더라. 아니 어떻게 일을 이렇게 하지? 일주일 할 일을 한 달 한다니까. 낭

비야 낭비. 그러고선 맨날 마감 못 맞춘다고 닦달이나 하고. 하청업체들은 다 알지, 왜 일이 안 되는지. 알지만 지 일이 아니잖아? 얘기한다고 본사에서 잘했다 그러는 것도 아니고. 그러니까 놔두는 건데, 내가 오너 같으면 그 지랄 안 해요. 진짜 그건 지랄이거든, 지랄. 그래 우리가 맨날 하는 이야기가 그거야. 체계를 좀 만들라고.

우리는 왜 건의는 안 하냐고? 말 못하지 우리는. 우리한테 지적질이나 하지 우릴 사람 취급이나 하게? 본사 직영 애들도 담당이 한 번씩 돌아다닐 거 아냐? 우리가 일하다 조금 쉬고 있으면 와갖고 왜 쉬고 있냐고 지랄을 해. 또 우리가 쉬고 있는 사진을 찍어서 반장한테 가. "그 회사 사람들 일 안 하고 이렇게 쉬고 있다. 지금 뭐하는 짓들이냐." 일 다 끝내고 검사 오기 기다리면서 쉬었다고 그러면 "아니 지금 이거 해놓은 꼬라지가 뭐냐?" 그런 식으로 이야기하고. 우리는 인간도 아니라니까. 지그는 부모도 없는지 손주뻘 되는데 그렇게 이야기를 한다니깐. 남자들한테보다 여자들한테 더 심해. 물론 개중엔 괜찮은 애들도 있어. 인사하는 애들도 있고 하지만, 진짜 싸가지 없는 것들도 많아.

우리도 회사 덕분에 먹고살지만 직영도 우리 덕에 월급 받아 먹고살아. 우리 없어봐, 지가 다 해야 되는데. 그런 생각은 안 하고 일하려는 사람은 많으니까 '니가 아니면 다른 사람들 또 온다' 이런 식으로 대하는 거지. 직영들은 하청업자들이 말하자면 '우리 밑의 노비다' 그런 고정관념이 있기 때문에 '니들은 내가 시키는 대로 다 해야 한다' 그리 생각해. 또 하청업체들도 위의 것들한테는 살살거리면서 밑의 사람들한테는 함부로 해도 된다고 생각해. 소장, 직장, 반장들도 내 밑에 있는 사람들한테는 함부로 해도 된다 생각하지. 그니까 이게 피라미드 식으로 내려오기 땜에 위에서 갑질하니까 밑으로 내려오고 또 밑으로 내려오고 동료들끼리도 갑질하는 애들이 많아. 그러니까 우리같이 밑에 있는 사람들이 애사심이 어디 있겠냐고. 난 처음에 조선소 와서 '사람들이 회사에서 녹을 받아 먹고 사는데 왜 이렇게 애사심이 없을까? 웃긴다' 그랬다니까. 근데 얼마 안 가서 깨져버리더라. 진짜 이런 데는 바른말 하는 사람은 오래 못 가. 일 안 하고 살살살살거리는 것들이 더 오래가. 일 주는 사람한테 아부하면서 거저먹기로 일하는 애들도 많아. 그러다 보니까 먹고살려면 다른 게 없으면 못 해도 반장 백이라도 끈이라도 하나 있어야 돼. 막말로 반장이 와서 "나 오늘 저녁에 소주 한잔 사주소!" 하면 사줘야 해. 안 그러면 일하기 제일 힘든 데다가 처박아놓고, 남들 잔업할 때 잔업 안 시키고 보내버리니까.

도장뿐만 아니라 조선소가 거의 전부 그래. 젊고 머리 깬 애들이 들어와서 밑에서부터 바꾸지 않는 이상은 여태까지 해왔던 사람들은 딱 머리에 박혀 있는 틀이 있어서 쉽게 안 바뀌지. 해왔던 사람들이 계속 남아서 일하고 새로 온 사람들이라고는 사업하다 망해서 왔거나, 하다못해 건축, 막노동판에서 일했던 사람들이라 여기 와서 처음 조선소 일을 접하기 때문에 어찌 보면 더 안 바뀌지.

외주화된 산재, 하청된 죽음

사고 나고, 마틴엔 다시 못 올라가고 그만뒀어. 마틴에 작업중지가 떨어졌는데, 작업중지 받으면 우리는 대책이 없어. 집에서 가장 역할 하는 애들은 이게 제일 직격타야. 우리가 5월에 얼마 받았는지 알아? 이십 몇 만 원 받았어. 처음엔 그나마도 우리가 하청으로 들어왔다고, 본공(하청업체 정규직)이 아니라고 일당도 제대로 안 쳐주는 거야. 우리 팀 다섯 명이서 잔업하는 거까지 빼서 고현 (거제)시청 근처에 금속노조 사무실이 있길래 도와달라고 거기까지 찾아갔잖아. 들어보니 하청업체 사장도 본청에서 하청을 못 받았다 그러더라고. 그러면서 하청업체 사장이 우리한테 우리 일당은 제대로 쳐줄 테니 다른 사람들한테는 말하지 말래. 우리가 받았다 그러면 다른 사람들도 그리 해달라고 한다고. 그 얘길 들으니 우리도 마음이 약해지더라고.

근데 정말 우리 다녀왔던 금속노조 사무실도 진짜 되게 열악하더라. 우리 상담 받으러 간 날이 엄청 더웠거든. 근데 도 사무실에 에어컨도 없고 선풍기 한 대만 돌리는데 오죽 했으면 서류 다 작성하고 나오니까 바깥이 더 시원하더라 고. 세상 이런 데가 어딨나 싶고 그런 사람들한테 도와달라 고 한 우리가 민망해서 죽는 줄 알았어. 노동자들은 참 다 어려운 것 같아서 마음이 거시기하더라니까.

매달 고정적으로 꼬박꼬박 들어가는 돈이 있는데 일을 못 해서 나오는 돈은 없으니 경제적으로 어렵지. 그래 우리가 팀을 꾸려서 알바를 갔어. 바쁜 배들도 있잖아? 그쪽으로 가서 보름 정도 알바를 하다 다시 마틴으론 못 올라가고 겨 우 에지나*로 올라갔는데 그때 나는 눈에 문제가 생겨서 백 내장 수술한다고 못 갔고 사부하고 팀원들만 갔지. 한 달 쉬 고 기다리다 그만둔 사람이 생겨 교육 받고 그 자리에 들어 간 게 7월 20일이야. 두 달을 꼬박 쉬다 간 건데 크레인 지 나가는 소리만 들어도 가슴이 쿵하고 심장이 떨리더라고.

---

* 삼성중공업에서 건조한 부유식 원조 생산, 저장, 하역 설비(FPSO, floating production, storage, offloading.)

　　　　　　　　　　　　　　　　나, 조선소 노동자

그래도 먹고살기는 해야겠고, 우리 팀하고 일하니까 또 뭔 일 있겠나 싶은 마음에 위로도 되고. 마음이 복잡하더라고.

사고 후에 조선소가 좀 달라졌냐고? 없어, 뭐가 있어. 에 지나에 올라가봤어? 뭔 변화가 있기를 바라는데? 에휴. 그런 거 전혀 없어. 사고 나서 쉬쉬한 게 얼마나 많은 줄 알아? 4~5월이 엄청 더웠어. 때 아닌 더위가 왔었잖아. 일하다 더워서 쓰러진 사람도 몇 명 있었고 일하다 사람이 떨어져서 앰뷸런스도 오고 그랬어. 다친 이가 도장 일 했을 거야. 또 그 당시에 불이 났거든. 불난 곳이 가스통 옆이었는데 천만다행으로 큰 사고는 안 났어. 그 사고 전에도 조그맣게 불이 났는데 그것도 덮어버렸어. 그것뿐이겠어? 다 숨겨. 삼성에서 전부 쉬쉬해. 사고가 추가, 추가되면 작업을 못 한다는 생각밖에 안 하지. 사람은, 죽으면 보상해주면 된다고 생각하는 것 같아. 사고 난 사람들은 전부 하청업체에서 온 사람들이야. 요번에 크레인 사고 난 사람들도 다 바깥에서 온 하청에 재하청 노동자들이지. 그러니까 회사가 아쉬우면 지들이 나서서 대책을 세우고 정부가 어떻게 대책을 세우겠지만, 나는 그래도 우리 같은 하청들한테까지는 혜택이 전혀 안 오리라고 봐.

너무 비관적이라고? 최저시급이 7530원으로 오르니까 회사에서 제일 먼저 어떻게 했는지 알아? 보너스를 없애. 그러곤 시급을 조금 더 올려. 따져보니 평상시 받던 금액보다 오히려 더 다운됐는데, 그거 받기 싫으면 나가래. 사인 안 하면 개별 면담한대. 그럼 어떻게 해? 자기는 어떻게 할 건데? 우리 같은 하청들은 사인해. 사인해야지, 목구멍이 포도청인데. 솔직히 최저시급이 7530원이면 엄청 많이 오른 거야. 많이 오른 건 분명한데 우린 혜택은커녕 오히려 더 깎였는데 그럼 올린 게 아니잖아? 처음 들어온 사람들, 신참들은 괜찮아. 근데 경력 있고 10년, 20년 이렇게 일한 사람들은 오히려 더 깎인 거야. 솔직히 도장 같은 건 이렇게 발라라 하면 누구나 발라. 그치만 A급들이 하는 건 아무나 못해. 또 취부같이 배관 설치하기 전에 지지대랑 받침대 재단해서 설치하는 일은 절단도 할 줄 알아야 하고 각도도 맞춰야 하니까 굉장히 기술이 필요한 일이란 말이야. 근데 초보자들하고 받는 돈이 별 차이가 없으면 누가 그 일을 해? 목구멍이 포도청이니까 어쩔 수 없이 하지만 착취지, 착취. 정치하는 사람들은 '니네들 생각해서 올려줬다' 하는데 현장을 몰라, 현실을 모르고. 그러니 조선소에서 보면 참 세상이 거꾸로 돌아간다니까.

사실 대형 사고도 예방하려면 내가 봐서는 원리원칙을 따져야 하는 게 맞고, 작업시키는 것도 원리원칙대로 해야 하는데, 공사 기간을 빠듯하게 잡으니까 그게 안 돼. 크레인

나. 조선소 노동자

사고는 건설 현장에서도 많이 나잖아. 그런 거 보면 솔직히 뉴스에 딱 나올 때뿐이지 자기하고 직접 관련 없으면, 또 관련 있어도 대부분 딱 그때뿐이야.

5월 1일 사고 난 날도 웃기는 게, 우리가 막 울면서 내려오니까 밑에 있는 사람들은 "왜 그러지?" 이러는 거야. 모르니까. 위에 무슨 일이 있는지 몰라. 대체 뭐 때문에 그러냐고 물어서 사고 났다니까, '아 사고가 났다 보다' 그러고 말어. 물론 걱정은 하지. 그래서 며칠은 조심하고 다녀. 근데 또 며칠 지나고 일이 바쁘면 잊어먹고 하던 대로 해. 현장이 마음 급하게 먹을 수밖에 없게 돌아가니까. 정석대로 하면 반장들이 가만있나? 자기네들은 빨리 이 작업 끝내서 아웃시켜야 돈을 버니까 정석대로 작업하는 사람들 보면 "야, 아웃!" 그래. 어떤 놈들은 뛰어다니는데 한 놈은 정석대로 하면 딱 비교가 되는 거지.

또 안전관리자는 하지 말라 그러는데 현장에서는 몰래 들어가서 하라고 해. 비 오는 날은 도장할 조건이 안 되잖아. 그럼 '도둑 작업'을 해. 그러다 누구 눈에라도 띄고 사진이라도 찍히면 난리가 나는 거야. 시말서는 물론이고 벌금까지 우리가 내, 근로자가. 은바가지 지들이 하라고 그래놓고는 우리 탓만 해. "아, 그거 대충 좀 안 걸리게 눈치껏 좀 하지 사진은 왜 찍혀가지고" 하면서. 나도 한번은 아웃사이드에서 일할 때 안전벨트 고리를 걸고 해야 하는데 작업하는데 불편하고 거추장스러워서 그냥 했어. 그러다 사진을 찍힌 거야. 관리자들이 사람들 다 모아놓고는 사진 찍힌 사람 나오라 그러면서 막 뭐라 그러는데…. 에휴, 그러고 보면 직영도 하청도 작업자들도 전부 다 안전불감증이지. 싹 다 뜯어고쳐야 돼, 싹 다.

실직, 골병, 삶의 막막함

내가 사고 나고 7월 20일부터 다시 일 시작했다고 했잖아. 근데 8월 30일날 (하청)업체가 문을 닫았어. 일이 없으니까. 그나마 그때는 본공이라고 1차 하청업체의 직원으로 들어갔으니까 실업급여라도 받을 수 있었어. 그래 나는 그렇게 몇 달 버텼지만 하청에 하청으로 들어온 사람들은 그것도 못 받았어.

지금? 지금은 나도 대책이 없지. 내가 이번에 대우에 서류를 세 번 넣었는데 다 떨어졌어. 사부가 어떻게든 나를 데려가려고 서류를 쑤셔넣었는데도 안 됐어. 허리 수술했다고. 일해도 괜찮다는 의사 소견서까지 다 받았는데도 안 된대. 처음에 대우 갈 땐 디스크 수술하고도 갔는데 지금은 수술 병력

78 　　　　　　　　　　　　　　　　　　　　　　　나, 조선소 노동자

하나만 있어도 안 된대. 자기네 물량 많고 일 많을 때는 허리 수술도 문제가 안 되고 고지혈증이고 당뇨고 다 들어가고 다 했는데, 이제는 몇 세 이상은 안 되고, 고지혈증이 있어도 안 되고…. 요새는 그런 상황이야. 그래 지난해 8월 이후론 더 이상 조선소 일을 못 했지. 안 간 게 아니라 못 간 거지.

세 번을 빠꾸 먹고 나니까 아 이제 일 못 하면 어떻게 해야 되나 싶고, 대상포진까지 확 오더라고. 당장 먹고는 살아야 하니 편의점 알바라도 해야겠다 싶어 알아봤는데 편의점 알바 자리도 없고. 조선소 경기가 안 좋으니까 식당 같은 데도 일자리가 없어. 호텔에서 미화원 뽑는다고 해서 알아봤는데 그것도 안 됐어. 그러고 나니 이제 뭘 더 해야 하나 막막하고, 지금 남은 건 골병밖에 없어. 온통 아픈 데 투성이지. 남편은 15년 넘게 조선소 일을 했는데, 허리 디스크, 목 디스크, 양쪽 어깨 인대 파열이야. 완전히 종합병원이지. 나도 조선소 일을 오래하지도 않았는데 몸이 전부 아작이 난 상태야. 요번에도 (어깨)회전근개 파열돼서 수술했잖아. 회사 다닐 때도 일하다 미끄러져서 왼쪽 팔 수술 받았지, 허리 디스크 수술도 했지. 산재 처리 받았냐고? 안 그래도 그때 의사 선생님이 왜 산재 신청을 안 하냐 그랬는데 그때만 해도 산재 신청하면 큰일 나는 줄 알았어. 산재 기록이 있으면 회사에서 안 받아주니까 산재 신청하면 다신 조선소에 못 돌아온다고 생각한 거야. 내가 벌 날이 더 많은데 요구를 해 갖고 잘리면 어쩌나 싶고…, 그렇게 생각을 했던 거지.

내가 환갑까지만 할라 그랬어. 도장에 환갑 넘은 언니들 많거든. 육십 다섯, 여섯도 있고. 그 언니들은 한 30년 넘게 했으니까 노련미가 있어. 요령껏 해도 진짜 예술이야. 난 그렇게 하고 싶어도 못해. 아무리 할라 그래도 안 돼. 그러니까 너무 부러운 거야. 나도 빨리 이 일을 할걸. 내가 쉰 넘어 시작했으니까 그 언니들이 막 부러워 죽겠는 거야. 근데 그것도 이제 끝났지 뭐. 조선소에서 받아주질 않잖아? 일하고 싶어도 일할 수가 없잖아? 더 이상 여기에 희망이 없는 거지 뭐. 뭐가 있겠어.

언제쯤 제 스스로
일을 할 수 있을까요?

구술 김명진(가명)

글   문선현

'조선소에 일하러 가자'

저는 고등학교도 다 안 나오고, 대학도 중퇴했어요. 어릴 때 사고를 조금 많이 쳐가지고요. 편의점이라든지 주유소라든지 그런 '아르바이트' 같은 걸 한 적은 없어요. 어린 나이에도 어른들이 일하는 그런 데 가가 일했던 거 같애요.

대구에 팔달시장이라고 있어요. 열아홉, 열여덟 살 땐 거기 새벽 5시 반에 가서 밤 10시까지 일하고 110만 원인가 받았거든요. 편의점이나 이런 알바 하면 30만 원, 40만 원인데, 돈 차이가 너무 많이 나잖아요. 초등학교 3학년 때부터 오토바이 타고 신문 배달하고, 6학년 때는 중국집 배달하고, 계속 그런 식으로 했던 거 같아요.

저는 친구들하고 술 먹고 노는 게 일상인 사람이었어요. 그러다 열여덟 살 땐가 동창회 같은 걸 갔는데 그때 되니깐 애들이 공부를 하고 수능 이야기가 나오고, 대학교 어디 가가 뭘 한다 이런 이야기들을 하더라고요. 그때 자극을 받았다고 해야 하나? 그래가지고 '뭐할까, 뭐할까?' 이래 생각을 하는데, 제가 저를 봤을 때 할 수 있는 게 없더라고요. 그래서 검정고시 치고 대학 입학하고 나니깐 일단 부사관을 생각했어요. 장교가 되려면 무조건 4년제라든가, 학사, 아니면 육사 이런 데 나와가 공부를 되게 잘해야 되는 줄 알았어요.

그런데 전문대 2년을 댕기고 3사관학교라고 또 편입하는 방법이 있다 그러더라고요. 그때 거기를 갈려고 그랬는데. 집 형편이 안 좋으니깐 대학 등록금이 부담스러웠어요. 아버지가 안 계시거든요. 초등학교 때 돌아가셨어요. 그때는 제가 일을 해가면서 등록금 대가면서 그렇게까지 할 자신은 없더라고요. 그래서 차라리 부사관을 지원했는데, 부사관은 고등학교 출결 이런 걸 많이 보더니 안 받아주더라고요. 대신 현역(병사) 생활을 좀 하면 1년 지나 상병 달고 부사관으로 지원할 수 있는 코스가 또 있어요. 거기를 지원했는데 또 안 되더라고요. 아무래도 나랏일하고는 안 맞는 모양이에요. 웬만한 사람, 열 명 중 여덟 명은 되는 걸로 알고 있는데.

제대하고는 캡스라고 경비업체를 다녔어요. 거 다니다가 스물여섯 1월 되자마자 결혼하고 회사 그만두게 되고, 나이는 들었는데 할 수 있는 게 없더라고요. 경비 일이라는 게 나오면 써먹을 데가 없어요. 경력이 인정이 안 돼요. 뭐 할까 뭐 할까 하다가 저랑 같은 회사 다니다 그만둔 형님이 한 분 계세요, 이번 사고 때 다친. 그 행님이 '조선소 일하러 가자' 그래요. 할 줄 아는 건 없고, 몸으로만 일하는 사람들은 여기서 일해서는 한 달에 2백 벌기 힘들잖아요. 가자고 그래서 갔고, 이제 좀 먹고살 만해지니깐 이렇게 된 거죠.

조선소는 2014년도에 갔어요. 4~5년 됐죠. 일은 괜찮았

나. 조선소 노동자

어요. 일하는 거에 비해서 뭐랄까 경제적으로 만족도가 있었어요. '아 일이 힘들어서 못 하겠다', 이런 거보다는 경제적으로 금전적으로 보상이 됐어요. 집에도 가장으로서 잘하고 있다는 뿌듯함을 줬고요. 애도 좋은 거 사 입히고 먹이고, 사달라는 거 있으면 다 사줬어요. 그런 거에 뿌듯하다고 해야 하나? 내가 고생하면 내 가족은 잘 산다, 그런 게 있었어요. 일이 힘든데 돈도 안 됐으면 좀 그랬을 거 같아요. 아들내미한테 한번씩 물어봐요 '너는 우리 집이 가난한 거 같애? 부자인 거 같애?' 저는 어릴 때 가난했거든요. 아들내미가 그래도 '잘사는 축에 드는 거 같아' 그렇게 이야기해주니깐 아빠로서는 좀 뿌듯하더라고요.

3개월 만에 기능공 돈을 받았어요

저희 일은, 미장 일 아세요? 배의 뼈대 있잖아요. 거기다가 시멘트처럼 물렁물렁한 페인트가 있어요, 완전 물처럼 된 건 아니고요. 처음 온 사람들은 그걸 믹스해요. 시멘트하고 모래하고 물 묻혀서 막 개잖아요. 그것처럼 페인트 경화

제*랑 주제를 신나(시너)와 배합해서 섞어주면 제가 그걸 배에다 펴 바르는 거죠. 바르고 나면 아무래도 맨들맨들 이쁘게 안 나오잖아요. 그걸 롤라로 잡아줘요. 저랑 형이랑 쭉 바르고 나가면 롤라수들이 따라오면서 마무리하는 그런 작업이었어요.

특별한 기술이 있는 게 아니라 손에 익고 시간이 지나면 누구나 할 수 있는 일이에요. 용접같이 계산해가면서 이럴 땐 이렇게 한다는 공식 같은 게 없어요. 조선 쪽에서 기술이라고 이야기하는 것은 용접밖에 없어요. 나머지는 기능이죠, 기능. 스타일에 따라 자기한테 맞출 수 있는 거예요. 그러니 기술이 아니라 기능이라고 해요. 용접은 처음 하는 사람한테 하라고 하면 못하잖아요. 이거는 며칠만 보고 하면 얼추 비슷하게 따라는 해요. 속도라든가 양이라든가 차이는 나지만요.

우리끼리 나쁘게 이야기하면 조선소는 진짜 인생 막장들이 왔다는 식으로 얘기해요. 할 줄 아는 거 없고 배운 거도 없는 사람들이 태반이거든요. 오늘 술 먹고 다음 날 안 나오고, 말도 없이 째고 그래요. 일이 그마이 힘든 거지요. 저 같은 경우는 회사 생활을 오래해가지고 그런지 지각, 근태 이

---

* 도료에 첨가해 빨리 굳게 하고 강도와 접착력을 증대시키는 약제.

나, 조선소 노동자

런 게 너무 좋았어요. (지각이나 결근이) 없거든요. 술을 아무리 먹어도 다음 날 아침에 나가거든요. 그래야 믿고 일을 맡길 수 있잖아요. 그러니 돈이 되게 금방 올랐던 거 같아요. 3개월 만에 기능공 돈을 받았어요.

보통 열다섯 명이서 한 팀을 이뤄요. 잡일이 한 다섯 명 있고요. 일을 끌고 가는 사람이 서너 명 있어요. 나머지는 따라가는 사람이에요. 저랑 이 행님이랑 한두 명 더 해서, 이 네 명이 없으면 다른 사람들은 일을 못 해요. 우리가 먼저 일을 시작해야 이 사람들이 따라와요. 그러니깐 근태가 되게 중요해요. 항상, 진짜 개같이 일한다고 해요. 일하는 업체에 대한 애사심 이런 것도 없어요. 우리가 투입되고 이 배가 끝나서 잘 인도가 됐다 해도 뿌듯함 그런 거 없어요. 동기부여가 안 돼요. 공사가 맨날 지연되니, 쪼이기만 쪼여요. 돈 받는 건 내가 이래 개같이 일하니깐 받는 거라고 얘기들 해요. 복지라는 것도 아무것도 없어요. 일한 만큼 내가 받는 거니깐 그 돈을 받는 거에 대해서 회사에 고마워할 것도 없고요.

거기에 몇 천 명이 근무하는데 화장실이 한두 개밖에 없어요. 보통 화장실에 수십 명이 줄 서거든요. 쉬는 시간 안에 소변을 못 봐요. 화장실 가려고 줄 서면 10분 20분 그냥 가요. 정말 급한 사람들은 계속 기다리고 있다가 볼일 보고 오면 혼나죠. 욕을 얻어먹는 거예요. 생리적이고 기본적인 현상인데, 화장실 한 개밖에 없는 게 잘못인 건데, 왜 쉬는 시간 안에 볼일을 못 봤냐 그런 걸로 욕 얻어먹는 걸 어디다 얘기하겠어요. 내가 삼성 직원도 아니고 그 밑에 하청 하청 하청에 그 하청에 그 하청에 있는 팀장 소속 아니면 다른 업체 소속인데. 우리끼리만 얘기하는 거죠. 이게 위로 올라갈 수 있는 그게 없어요.

우리 팀 막내 호야

당시에 지금처럼 요렇게 마주 보고 앉아서 담배를 피우고 있는 상황이었어요. 그 상황을 저는 기억 못해요. 제가 형님 보고 '피해라' 했대요. 서로 뒤로 뛰었어요. 저는 이쪽으로 뛰고, 행님은 저쪽으로 뛰고. 그러고 우리 앉아 있던 자리로 붐대가 떨어졌어요. 저는 멀쩡하고, 반대쪽으로 뛴 행님은 붐대는 피했는데, 붐대 와이어줄이 때려가지고 다쳤어요. 사람이 그렇게 날라가는 건 처음 봤어요. 영화의 한 장면 같았어요.

그 행님이 구미로 이송을 와서 저는 맨날 병원에 가서 그냥 있었어요. 나만 안 다친 게 너무 미안하고, 이 형님을 내

나, 조선소 노동자

가 델꼬 갔다면 안 다칠 수도 있었는데 하는 죄책감이 들었어요. 우리 팀 막내한테도 그렇고요. '뭐 한다고 병원에 맨날 그래 가노. 뭔 둘이 할 얘기가 많아 병원에 가노', 와이프는 이래 이야기하는데, 나는 그럼 조금이라도 죄책감을 덜 수 있을까 해서 갔거든요. 미안함 이런 게 되게 복합적인 감정들이잖아요.

막내는 우리 팀 소속으로 첫 출근이었어요. 제가 이 친구는 신경을 못 썼어요. 호야, 호야는 원래 배관하던 친구였어요. 그때 스물일곱이었고, 물량팀이었어요. 당시 배관 쪽에 일이 없으니까 우리 하는 일 쪽으로 와서 데모도(조수)를 했어요. 회사가 싼 맛에 쓰는 애들이었죠. 배관 쪽에서는 기술자지만, 우리 쪽에서는 초보자니깐. 우리가 한창 바쁠 때 시키는 것만 하는 그런 사람을 여러 명 받아 썼어요. 그중에 한 명이 호야였어요. 일을 시켜보니까 똘똘하니 시키는 것도 잘하고, 스스로 알아서 하려고 하더라고요. 그게 되게 좋아 보였어요. 호야가 배관을 한 지는 한 2년 되었는데, 돈을 얼마 못 받더라고요. 그 돈은 우리 쪽에서 초짜가 오면 받는 돈인 거예요. '우리 쪽으로 와서 일해. 너거는 일도 없잖아. 우리는 일 많아. 와가지고 일하면 어차피 돈은 똑같으니깐 몇 달만 하면 그만큼 더 챙겨줄게.' 이런 식으로, 배관 쪽 팀이 4월 30일로 다 빠졌는데 나랑 규성이 형이 호야를 우리

팀 막내로 쓰자 그래가 편입시켰다고 해야 하나, 그렇게 우리 팀이 되었어요.

이 친구 집 사정이 되게 안 좋았어요. 지가 돈 벌어가지고 동생 학자금 대주고 했어요. 호야는 배관으로 일당을 12만 원 받았어요. 잔업을 9시 반까지, 12시까지 하면 24만 원을 받았고요. 그런데 우리 같은 경우에는 10시까지만 해도 24만 원을 줬어요. 시간(수당)에 잔업까지 돈 차이가 많이 나는 거예요. 우리는 12시까지 하면 36만 원을 줬거든요. 야는 무조건 잔업하고 12시까지든 새벽 2시까지든 계속 일만 했어요. 우리 팀으로 오게 되면서 꿈에 부풀었다고 해야 하나? '백만 원 정도 더 생기면 나도 차 한 대 사고 싶다'는 이야기를 했어요. 그렇게 저희 팀 막내가 되었어요. 그런데 첫날….

장례식장에 가니깐 마음이 안 좋았어요. 물량팀장하고 다 왔어요. 호야 친구들도 있었고요. 미안하더라고요. 그런데 우리 쪽 일하던 사람들은 아무도 안 와요. 막내가 죽었는데, 막내일 때는 막내라고 일 그렇게 부려먹던 사람들이 죽으니깐 안 오더라고요. 그러니 이 친구 괜히 내가 일하자고 해갖고 '내 때문에 죽었나?' 그런 생각이 들었어요. 다친 행님도 정신 차리자마자 '호야 죽었다' 하니깐 울더라고요.

나. 조선소 노동자

혼자라는 생각이 강해진 거 같아요

처음에는 잠도 못 자고, 악몽만 꾸고 그랬어요. 약 때문인지는 모르겠지만 악몽은 좀 덜해졌어요. 약 먹기 전에는 잠을 잘 못 자니깐 술이 너무 많이 늘었어요. 밖에도 안 나가고 계속 집에서 술만 먹었던 거 같아요. 그리고 짜증이 좀 심해졌고요.

약 먹고도 아무것도 나아진 게 없다고 느끼는 것 중 가장 큰 하나는 시장이라든가 밖에 이래 댕기다 머리 위에 뭐가 있으면 되게 불안해요. 계속 보게 돼요. 아까도 집에서 나오는데 아파트에 누가 이사 들어오더라고요. 사다리차가 이래 있잖아요? 오다가 그걸 보고는 안으로 들어가 돌아 나왔죠. 제가 하던 일이 현장이고 계속 밖에서 몸으로 일했던 사람이에요. 밖이(일터가) 딱 안정감 있는 데는 잘 없잖아요. 뻥 뚫려 있고 매달려 있고, 건설 현장이고 공장이고 이러다 보니깐 또 떨어질까 봐 되게 불안해요. 약을 먹어도 아직까지 이건 좀 안 되더라고요.

아이가 계속 놀이동산 가자고 하는데 아직 못 갔어요. '아빠가 이제 나이 들어가 겁이 많아 못 가겠다' 했어요. 그러면 지 혼자 탄다고 가자는데 저는 '딴 거 해줄게' '차라리 장난감 사줄게' '니 혼자 가라, 친구들하고 가라' 이런 식으로 자꾸 둘러대요. 아이는 몰라요. '지금 일 왜 안 해?' 하길래 그냥 휴가 받았다고 했어요. 지금 휴가 받은 줄 알아요. 애한테 얘기하기가 그렇더라고요. 애가 저를 되게 좋아해요. 애한테 사실을 이야기할 수가 없어요. 아들이 아빠를 안쓰럽게 생각하게 하고 싶지 않아요. 아빠라는 존재는 듬직하고 든든한 사람이어야 하거든요. 애가 아빠라는 존재를 애틋하고 안쓰럽게 보는 건 좀 아니잖아요?

사고 이후로 성격도 좀 이상하게 변한 거 같아요. 혼자라는 생각이 되게 강해진 거 같아요. 이해해주는 사람이 없다는 생각을 해요. 차라리 몸이 다쳐서 병원에 입원했으면 아무 그게 아닌데 지금 이거는 정신적인 거잖아요. 이런 상태를 와이프도 이해를 못해요. 일도 안 하지, 집에서 술만 먹고 저래 있지, 저 같아도 꼴 보기 싫을 거예요. 이 문제로 와이프랑 진지하게 대화해본 적은 없어요. 맨날 짜증만 내고. '내가 지금 어쩌구저저구' 일방적으로 던지는 이야기들만 했지 좋게좋게 조곤조곤 이야기해본 적이 없어요.

주변 사람들도 물어봐요. 동네가 좁다 보니깐 조금만 댕기면 전화들이 와요. '어, 명진이 보이던데?' '니 머 하노 임마?' '그냥 놀아 임마' 집에 쉰다고만 하고 산재라든가 트라우마라든가 그런 얘기는 안 해요. 굳이 얘기해봐야 모르는 사람들은 미쳤다고 생각해요. 아무리 친하고 가족이라도 지금 일 안 하고, 밖에 잘 안 나가는 원인을 잘 몰라요. 그냥 일 안 하는데 돈 나오는 거만 부러워해요. 솔직히 산재에서 아무리 돈 70프로 받는다고 해봐야, 밖에 나와서 활발하게 일하면 돈도 훨씬 많이 벌잖아요. 동네가 촌이라 벌이들이 다 고만고만해요. 그러니 집에 있어도 자기들 버는 만큼 나오니깐 그냥 그것만 부러워해요.

지난(2018년) 3월부터 정신과 진료를 받았어요. 약 먹은 지는 한두 달 되었고요. 그전에는 일반 병원도 정신과 병원도 안 갔어요. 계속 집에서 혼자 견뎠어요. 시간 지나면 당연히 괜찮아지는 줄 알았어요. 제가 외형상으로 어디 다친 게 아니잖아요? 그래서 시간 지나면 나아지겠지 나아지겠지 하면서 그냥 무작정 견뎠어요.

다쳤다는 형님이 '똑같은 증상으로 치료 받는 분이 있으니깐 니도 치료 받을 수 있다' 이야기해줬어요. 국장님(산추련 이은주 국장)이 연락하셔서 산재가 되는 줄 알았고요. 그전에는 산재가 되는 줄도 몰랐고 어떻게 치료 받을지도 몰랐어요. 정신과 이런 걸 누가 가라 캐도 쉽게 못 가잖아요. 남들 시선도 의식되고, 간다고 달라지겠나 하는 생각도 들고. 괜히 갔다가 차후에 일을 하든, 사업을 하든, 장사를 하든, 직장생활을 하든 기록 남아갖고 나한테 불이익 있는 거 아닌가 싶고. 내가 정신적으로 다쳤으니깐 그걸 치료한다는 개념으로 접근하면 되는데 거부감이 들었어요. 지금도 그렇거든요. 주변 사람들이 치료 받나 물으면 '정신과 치료 받아요 새끼야. 니 내한테 잘못 그카면 약도 없대이. 건들지 마라' 카면서 웃어넘겨요.

누구도 찾지 않는 그런 사람이 될 것 같아요

사고 나고 다시 그 현장에 가기 싫었는데. 당장 두 달 집에 있어 보니까 한 달에 백만 원 벌던 사람이라 치면 두 달에 2백만 원 못 버는 건 못 버는 건데, 그만큼 2백만 원을 더 쓰니깐 4백만 원이 뒤로 가버리는 거예요. 두 달 놀아버리니깐 벌써 돈 천만 원 가까이 빚이 생기더라고요.

하지만 그렇게 일하러 가기 싫은 적은 이제까지 없었어요. 와이프도 저한테 일하러 안 갔으면 좋겠다는 이야기는 했어요. 현실적인 대안이 없으니깐 갈 수밖에 없는 거죠. 돈 없는 게 더 무서운 거 같아요. 그래서 7월에 다시 삼성중공업으로 일하러 갔어요. 근데 거기는 항상 공중에 뭐가 있어요. 크레인이 물건을 옮긴다든가 머리 위로 삐죽이 뭐가 나와 있는 공간이 많아요. 거기 가면 신경이 쓰여요. 근처만 가도 또 떨어지는 건 아닌가 싶고요. 조선소에 이런 게 없는

데가 없잖아요.

　일해서 지친다기보다는 현장에 가면 긴장이 몸을 덮쳐서 긴장한 걸 티 안 내려고 경직된 상태로 일하는 게 되게 힘들었어요. 퇴근해서 보면 솔직히 일한 게 별로 없는데 신경을 쓰니깐 정신적으로 너무 피곤하고. 또 잠을 제대로 못 자고 악몽을 계속 꾸니깐 술을 한 병 두 병 자꾸 묵게 되었어요. 이틀 삼 일 그러게 하다 보니 또 피곤해서 일을 안 가게 되고, 핑계 대게 되고, 내일 어디 작업하는지 아니깐 위험하다 싶으면 출근 안 하고 쉰다 하고 그런 일이 반복되었어요.

　일하러 가면 사람들 기대치가 있는데 그걸 못 맞춰주니깐 이 사람들은 요령 피운다고 생각하겠죠. '이것밖에 안 해놨나?' '잔업까지 끝내겠나?' '오늘 끝내겠나?' 원래 다 하던 건데 못한다고 말하기도 그렇고. 그렇게 쌓이고 쌓이고 쌓여가 도저히 못하겠다 말하고 내려왔어요.

　아직도 전화가 많이 와요. 지금은 그냥 '돈도 안 되는데 뭐 할라꼬 갑니까?' 해요. 제가 경력이 안 된다는 걸 다 알아요. 근데도 10년 일한 사람들보다 돈을 더 받았거든요. 이제 '니 돈 얼마 더 주면 되노?' 그래요. 자기들은 티를 안 낸다고 하는데 들려요. 그러면 스트레스를 많이 받죠. 그렇다고 돈 적게 받고 일한다고 하기도 그렇고. 항상 일하고 나면 '잘했다. 명진이 일 잘하네' 이런 소리 듣고 싶은 거지.

나중에 이 일을 다시 할지 안 할지 몰라도 이 상태로 계속 가다가는 누구도 찾지 않는 사람이 될 거 같은 불안감도 있어요. 만 원 준다고 해서 갔는데 '명진이 일하는 거 보니깐 만 원짜리 아니던데, 5천 원짜리던데' 괜히 이상하게 소문 나서 복귀할 때 '명진이 쟤, 일 못하던데' 하면 저를 델꼬 온 행님이나 팀장한테 폐 끼치겠다 싶어서 그만두게 되었어요.

다른 일을 해보려고도 했어요. 제 주변에 잘된 형님이 계세요. 첫 직장 다닐 때 선배님이세요. '지금 1, 2년만 고생하면 분점 식으로 내주고 니가 월급쟁이 사장 형식으로 해도 된다, 일단 1년만 현장 돌아다니다가 1년 지나고 사무실 앉아서 업무 익히고, 3년 정도 되면 내가 '여 차리라' 하면 니가 거 가갖고 좀 닦아줘', 이런 식으로 얘기했어요. 근데 지금 당장 돈이 안 되니깐 못 가는 거예요. 지금 아무것도 할 줄 모르는 상황에 형님한테 한 달에 5백 달라고 하면 안 되잖아요. 2, 3년 고생하면 그 행님만큼은 아니더라도 조금 안정적으로는 될 거 같은데, 2, 3년을 버틸 수가 없으니깐 못 가는 거예요. 그게 되게 안타까워요. 자존심은 있어갖고 와이프 보고 '내 이거 좀 할 테니깐. 니 나가서 돈 좀 벌어라' 이 말을 못하겠더라고요.

사고 나기 전에 4월에, 좀 지쳐서 '돈 좀 적게 벌더라도 여기 와서 가족들이랑 있고 좀 미안하지만 맞벌이하고 살면 안 되겠나, 일 못하겠다' 그렇게 말하고 보름 정도 집에 있었어요. 저희가 집 산 지가 얼마 안 됐어요. 1년 조금 넘었어요. 결혼할 때 돈 한 푼 없어서 천만 원 대출 받아서 주공아파트 사서 한 10년 살았어요. 그거라도 있어서 다행이지. 일이 이래 될 줄 모르고 돈벌이가 괜찮을 때니깐 차도 바꾸고 이거저것 가구도 바꾸고 하니 돈 있는 게 싹 다 나갔어요. 와이프가 차 산 지가 지금 1년 정도 되었어요. 보통 차 할부를 3년 정도 하잖아요. 대출금하고 할부금하고 나가니깐 한 달에 고정적으로 나가는 돈이 너무 커요. 그래서 '차 할부 끝날 때까지 일 좀 더 해라. 3년만 더 해라' 하길래 그때 좀 많이 싸웠어요. 알았다 하고 조선소로 갔는데 보름 뒤에 사고가 나버렸어요.

와이프가 더 원망스럽고 그래요. 내가 안 간다고 그랬어요. '너는 집에서 애만 키우니깐 좋제? 주변에 보면 애가 두 명 세 명 있어도 맞벌이하는 사람 많은데 애 하나 키우면서 지금 살림 못하나?' 이런 시선으로 와이프를 보게 되는 거예요. 당연히 내 새끼 키워주는 거 고마운 건데 그거는 생각 안 하고, 애 하나 키운다는 핑계로 몇 년째 놀고 (그럴 거면) 내한테 시집오는 거 아니지 않았냐 막 몰아붙였죠. 사고 난 이후로 집에 내려와서 모진 말을 많이 했어요.

'니 잘못이 아니야'

안전사고라는 게 그래요. 안전관리자, 작업 지시자, 그 사람들만 (작업자들을) 확실히 쪼면 절대 다칠 일이 없어요. 대신 일 진도가 늦어지고 수익은 줄겠죠. 그렇기 때문에 걔네들이 빡빡하게 안 하죠. 또 솜방망이 처벌이 반복되니깐 매년도 아니고 일주일이 멀다 하고 안전사고가 계속 터지잖아요. 저번에 인터넷 기사 중에 제일 크게 느낀 기사가 있었어요. 대기업들이 하청을 주잖아요. 그 외주 시키는 게 사실은 이게 일의 외주화가 아니고 '위험의 외주화'라고 하더라고요. 위험을 외주화를 시켜버리니깐 사고에 책임이 없다는 거죠. 하청 노동자들 삶은 한마디로 딱 정의하자면 이거예요. '닥치고 일만 해라!' 사람들 대부분이 이런 환경에서 일하는 내가 잘못된 거라 생각해요. 맞잖아요? 남들 노력할 때 노력 안 했으니까 여기 와서 이카고 있는 거라고 생각해요. 그거를 굳이 바꾸려는 사람은 없어요. 내가 못나서 여기 일하는 거니깐 내가 감내해야 된다고 해요.

이런 인식이 바뀌었으면 해요. 흔히 조선소 일을 '3D 업종'이라고 하잖아요. 이걸 너무 당연하게 받아들여요. 크레인 일, 조선소 일, 더럽고 시끄럽고 위험한 걸 바꾸려고 하는 게 아니라 거기에 젖어 들어서 당연하다 생각하는 거예요. 다른 사람들도 그래요. '조선소 일 더럽지 뭐, 힘들지.' '그래 누가 하라 캤나? 니가 할려고 했잖아.' 개선을 하고 아닌 건 아니라고 이야기해야 하는데, 다 자기 잘못이라고 생각하고 바꾸려고 안 해요.

근데 만약 제가 누구를 때렸어요. 그러면 경찰에 고발이 될 거잖아요? 그럼 합의를 한다든지 내가 어떻게 처벌 받는 다든지 다 알잖아요? 삼성중공업에서 사고가 났는데, 단순히 삼성이고 말고를 떠나서 크레인 운전 잘못한 신호수들, 크레인 기사들 아니면 담당자들, 이 사람들이 어떻게 됐는지도 모르겠어요. 이것 때문에 삼성에는 어떤 제재가 들어갔는지도 몰라요.* 우리가, 제가 피해자죠. 가해자도 있고, 피해자도 있어요. 그런데 가해자가 어떻게 되었는지 아무도 몰라요. 제가 죄 지은 게 아니잖아요. 저희가 죄 지은 게 아니거든요. 그런데 우리는 힘들어요. 다쳐가지고 죽은 사람들도 있어요. 병원 치료 받는 사람들이 많아요. 그 작업들을

---

* 사고 발생 후 고용노동부와 산업안전보건공단에서 중대재해 조사를 진행했고, 조사 결과에 따른 산업안전보건법 위반과 업무상과실치사에 대해서는 현재 재판이 진행되고 있다. 노동부는 크레인 사고 직후 삼성중공업 현장 특별진단을 통해 산업안전보건법 위반 사항 866건을 적발 조치하고 과태료 5억 2천만 원을 부과했다. 또 5월 1일 사고 직후 조선소 전면작업중지명령이 내려진 뒤, 5월 5일 3개 호선의 작업중지 해제를 시작으로 10, 11, 12, 19, 25일 작업중지 해제가 진행되었고, 사고 장소인 P모듈은 6월 1일 작업중지가 해제되었다. 이 기간 동안에도 삼성중공업에서는 사고가 연이어 발생하여 작업중지 해제에 대한 비판이 제기되었다.

무리하게 진행해서 생긴 일이잖아요? 대표가 있을 거고, 전무가 있을 거고, 담당자가 다 있을 거잖아요? 개네들은 이 일을 과연 신경이나 쓸까요? 그때 당시 징계 좀 받고 욕 한번 얻어먹었을 거고 얘네들은 일하는 과정에서 벌어진 하나의 실수로만 생각하겠죠.

처벌이 명확했으면 좋겠어요. 책임도 명확했으면 좋겠어요. 피해자에게 '니 잘못이 아니야' 이야기해줄 수 있는 환경이 되면 좋겠어요. 피해자는 있는데, 피해자는 힘든데, 가해자는 아무 책임이 없잖아요.

일 시킨 사람은 처벌을 안 받고, 시킨 대로 일한 사람들만 처벌 받아요. 하청 하청 하청 하는 그 시스템에 문제를 제기하지 않고, 그때 하청 받아 일했던 사람들만 힘들어해요. 그건 다 우리 노동자인데 말이죠. 제가 원래 과격한 표현은 잘 안 쓰는데요. 예를 들어 청부살인을 했어요. 그런데 청부자는 처벌을 않고 살인자만 처벌 받는 거랑 똑같다고 저는 생각해요. 청부살인을 사주했는데 사주한 사람은 그대로인 거예요. 이 사람은 나중에 돈 주고 누구한테 또 시키겠죠. 자긴 상관없으니깐. 우리나라는 기업 하는 사람들한테 너무 관대해요. 특히 재벌들. 기업이 우리 먹여 살리는 거 아니거든요. 기업이 없으면 노동자도 없지만, 노동자 없으면 기업도 없어요. 똑같은 거라 생각해요. 정당한 노동력을 제공해

서 돈 받는 거고. 돈 주니깐 노동력을 제공하는 거라고 생각
해요. 돈 안 주는데 일할 사람 없잖아요.

노동자는 한 나라를 이루는 그 근간, 근본이라고 생각해
요. 노동자들 세금 잘 내지, 탈세도 안 하지, 무슨 일을 하든
일한 만큼 대가 받는 사람들이죠. 근데 내가 노동자인 거는
되게 안 좋은 거 같아요. 젤 만만한 게 노동자지. 돈 많은 사
람들 세금 안 내는 사람들 수두룩하잖아요. 노동자는 국민
으로서 할 도리는 다 잘 하는데 제일 무시당하는 거죠. 노동
자들 핍박해가 기업들 배 불리는 거 같아요. 기업은 뭘 해도
세금 감면해주고 공장 짓는다 하면 땅 싸게 주고. 나는 구멍
가게 장사라도 할라고 하면 나라에서 해주는 거 아무것도
없어요.

사람을 불러놓고 뭐 땜에 왔냐고 물어요

근로복지공단은 근로자를 위해서 있는 거잖아요. 그런데
현실적으로 근로복지공단은 자기들이 해야 되는 일을 방어
하는 사람이라는 생각이 들어요. 일단 안 된다고 못을 박고,
안 된다는 가정 하에 설명을 해요. 근로자를 위해 있는 기관
인데 보험회사처럼 자기 방어하기 바빠요. 어렵게 이야기해

서 포기하게끔 해요. 트라우마 (산재 처리)되냐고 물어봤을 때 담당자가 '천 명에 한 명인데 니가 증명해야지' 그런 식으로 이야기하더라고요. 우리가 질문했는데 도로 우리에게 질문하는 그런 개념이에요. 근로복지공단이 노동자들 입장에서 이야기해주면 좋겠어요. 산추련 외에도 노동자가 문의하고 도움 받을 수 있는 곳이 많이 홍보되면 좋겠어요.

대구 근로복지공단에 의사 자문 회의을 다녀왔어요. 제가 지금 산재 치료 받은 지가 6개월 되었어요. 사고 난 건 1년이 넘었지만요. 그러니깐 근로복지공단에서는 치료를 그때부터 받은 줄 알아요. 이걸로 1년 이상, 1년 6개월 이상 받을 수가 있나? 받아야 하나? 그래가지고 잘못된 거 아닌가 싶어가지고 의사 여러 명 모인 자리에 가서 짜증 좀 내고 왔어요. 3시 반까지 오라 해서 갔는데 한 시간을 기다렸어요. 계속 딜레이돼가 4시 10분인가 들어갔어요. 들어가 앉으니깐 내 보고 '성함이 우예 돼요?' 묻길래 김명진이라고 하니깐 '뭐 땜에 오셨어요?' 하는 거라요. 사람이 불러놓고 뭐 땜에 오셨냐고 물어보면 내가 뭐라 하노? '오늘은 되게 기분 좋은 일 있어갖고 되게 깔끔하게 해가 오셨네요?' 하길래 '정신병원 치료 받는 사람이라고 후줄근하게 댕겨야 돼요? 정신과 간다고 티 내고 다녀야 돼요?' 막 그래가 나는 재 승인 안 될 줄 알았어요. 면담은 5분도 안 돼서 끝났어요.

나, 조선소 노동자

자문회의 결과는 3~4일 있다가 문자로 왔어요. '산재 요양 기간이 12월까지 연장되었습니다.' 원래 연장될 때 의사가 진료계획서를 쓰면 3개월씩 연장이 돼요. 산재 받는 기간 내 내 '내가 했던 일을 다시 하면 되지' 생각했어요. 하기는 싫지만요.

언제 현장에 복귀할지 걱정도 해야 하는데, 지금은 하기 싫어요. 현장은 갈 수 있으면 가야 할 거 같아요. 저한테 달린 거죠. 일을 할 수 있겠다 싶으면 가면 되는데 다시 가기는 싫어요. 지금 와서 새로운 일을 하기도 애매하고 이 일은 해왔던 일이고, 여기 동네에서 회사 생활 하는 것보다 돈이 되고 이러니깐 하기 싫고 꼴도 보기 싫은데 하던 일을 쳐낼 수가 없잖아요? 다른 일을 찾아야 되나? 어떻게 이야기해야 되지? 정리가 안 되네요. 현장 생각은 일부러 안 해요. 일단 뭘 하든 내가 멀쩡하고 어디 가도 일할 수 있을 만큼 되어야 그걸 걱정할 수 있는데, 지금은 제 스스로 일을 못 하니까요. 그럼에도 내가 돌아갈 곳은 현장이다 생각해요. 삼성은 아니지만요.

저는 말로만 사장이지
노동자였어요

구술 진영민
글   홍세미

사방을 휘젓는 와이어

사고 이야기는 정말 하고 싶지 않아요. 별로 말하고 싶지 않습니다…. 뭐 좋은 이야기라고 하고 싶겠습니까….

항상 담배 태우던 자리였어요. 그날도 오전 휴게 시간에 거기서 담배 피웠습니다. 밥 먹으러 가기 전에 11시쯤인가, 청소하려고 잠시 들르기도 했고요. 두 번이나 다녀간 자리에서 불과 세 시간 후에 사고가 난 거예요. 당시에 저는 도장 마감 검사를 받으려고 화장실 5미터 정도 앞에 서 있었습니다.

갑자기 쿵 소리가 나고 눈앞에 쓰레기통이 떨어졌어요. 와이어에 연결된 쓰레기통이 떨어진 거였어요. 손목만큼 두껍고 시커먼 줄이 끊어져서는 사방을 휘저으며 제 앞을 지나갔어요. 와이어가 휘젓는 걸 목격한 순간 나도 모르게 주저앉았습니다. 서 있었으면 어찌 됐을지 모르겠어요. 오른쪽 무릎하고 팔을 스쳤는데 정신 차리고 보니까 와이어에 닿아 옷이 찢어졌더라고요. 와이어 기름도 묻어 있고요. 무릎하고 팔 뒤꿈치가 퉁퉁 부어 있었어요.

와이어가, 휘젓더라니까요. 땅바닥에 튕기면서, 괴물처럼요. 거기에 맞아 갈빗대에 금 간 사람도 있었어요. 나는 좀 떨어져 있었기 때문에 스친 거지, 조금만 더 가까웠으면 어떻게 됐을지 몰라요. 죽은 사람들은 저와 불과 몇 미터 안 떨어져 있었어요. 담배 피우고 있다가 느닷없이 쓰레기통에 깔려 죽은 사람이요.

그때 삼성중공업 사장이란 사람이 뭐라고 했는 줄 아십니까? 사고당한 우리더러 쉬는 시간도 아닌데 담배 피우려고 기다리다가 그래 됐다고 했어요. 그 사고 난 게 14시 57분이었거든요. 오후 휴게 시간이 15시부터인데 왜 일찍 담배 피우러 나왔냐 이거죠. 쉬는 시간에 맞춰 나왔으면 한 사람도 안 다쳤을 거라고요.

근데 사고가 난 곳에 화장실이 있었어요. 15시가 아니라 14시라도 화장실에 갈 수 있죠. 나도 13시 반에도 화장실 가고 14시에 소변 보러 가기도 했거든요. 근데 그 따위로 이야기를 해요. 담배 끊어버렸어요. 얼마나 화가 났으면 30년 피운 담배를 끊었겠어요? 사고 난 날이 근로자의 날이라 사람들이 많이 쉬었기 때문에 그나마 적게 다친 겁니다. 그날은 데크 위에 올라와 있던 사람이 백 명이 안 됐으니까요. 보통 때는 한 2, 3백 명 되거든요. 평일 날 그래 됐으면 삼성 작살 났겠죠.

치료비는 누구에게 받나요

자동차에 치여도 병원비는 나오지 않습니까? 다친 사람이 잘못했다 해도 말입니다. 회사 잘못이 아니라도 병원비는 줘야 하는 거 아닙니까? 하물며 내가 잘못해서 다친 것도 아니었단 말입니다.

사고 난 곳이 아파트 6층쯤 되는 높이였습니다. 엘리베이터 같은 걸 만들어놓았어요. 그 앞에 사람들이 줄 서 있는데 개판이었어요. 저는 옆에 있던 동생 붙잡고 걸어서 내려왔습니다. 다친 채로 겨우 내려왔는데 병원으로 바로 데려가는 게 아니라 기다리라고 하더라고요. 다쳐서 피 흘리는 사람들이 그대로 땅바닥에 앉아 기다렸어요. 한 시간쯤 지났나? 내가 욕까지 했다니까요. '시팔 거. 다친 사람은 빨리 보내줘야 될 거 아니야?' 하면서요. 그래도 아무 대꾸도 안 해요. 다친 사람들한테 회사, 소속, 이름, 전화번호 묻고 있더라고요. 그게 말이 되는 이야기입니까? 구급차가 앞에 서 있는데도 보낼 생각도 안 하더라니까요. 배 위에서는 원래 아무 데서나 담배 피우면 안 돼요. 기다리면서 담배를 한 다섯 가치 피웠어요. 평소 같았으면 난리 쳤을 텐데 다친 사람이 담배 피우니까 아무 소리 안 하더라고요. 담배 피우다 걸리면 지랄하면서 시말서 쓰라고 하는 회사거든요.

109

5월 1일에 입원해서 12일쯤 퇴원했어요. 삼성에서는 산재로 처리하라고 백병원에 이야기했다는데 저는 산재 가입이 안 되어 있었거든요. 병원비가 130만 원인가 나왔더라고요. 산재 처리가 안 되니까 다 개인이 내야 한대요. 그래서 갑자기 퇴원하게 된 거죠. 동네 정형외과에 보름에 한 번 정도 가서 물리치료 받고 그랬어요. 자비로 해야 해서 제대로 치료하지 못했어요. 핫팩 사가지고 집에서 찜질하고 그랬죠. 지금도 가끔 그 장면이 떠올라요. (고조된 목소리로) 시커먼 와이어가 눈앞에서 휘젓는 장면이요. 일일이 말하기 어려워요. 자꾸 생각나게 한다고요.

도장으로 20년, 돌관으로 11년

조선소 일은 99년도에 시작했습니다. 30대 중반부터 한 거죠. 그냥 아무 생각 없이 했어요. 돈 많이 준다고 해서요. 현대중공업에서 도장 일을 했어요. 배에 녹이 생기면 그라인더로 녹을 제거하고 도장이라는 걸 하는데, 쉽게 말하면 배를 페인트 칠해서 화장시키는 거죠. 모든 공정이 끝난 후에 하는 거라 마지막까지 남아 있는 업체도 다 도장이에요. 그래서 막판에 사고를 많이 입는 곳도 다 도장 업체죠. 우리 일은 칠하는 거니까 신나 냄새, 페인트 냄새를 피할 수 없어요. 당시에는 마스크 질이 안 좋아서 신나랑 페인트 냄새가 마스크 안으로 다 들어왔어요. 냄새가 심하니까 일하다 보면 막 취해요. 술 안 마셨는데도 음주 단속할 때 불면 술 마신 수치가 나옵니다. 그 일을 20년이나 했지만, 뭐 적성에 맞아서 한 거겠어요? 안 좋은 냄새 맡으며 옷에 페인트 떡 칠해가면서 하는 일인데요.

처음에는 울산 현대중공업에서 본공직으로 다녔습니다. 그러다 돌관으로 다닌 지는 11년 됐어요. 삼성 마틴 오기 전까지 열 명 선에서 팀을 만들어서 사람들을 데리고 다녔어요. 부산도 가고 목포도 가고 그랬죠. 돌관으로 일하는 사람들은 역마살이 낀 사람들이 많은 것 같아요. 저도 그런 것 같고요. 돌관팀장들은 밑바닥부터 도장으로 다져진 사람들이에요. 대우 끝나면 삼성에 갔다가, 삼성이 끝나면 현대 가고, 그렇게 객지로 돌아다녀요. 조선소 구조가 그래요. 3대 조선소, 대우, 삼성, 현대가 아다리가 딱 되게끔 해놨어요.

지금은 조선업계가 불황이다 보니까 그렇지 않지만, 재작년(2016년)까지만 해도 일이 끊이지 않았어요. 현대가 상반기에 바쁘면 현대가 있는 울산으로 갔다가 일이 마무리되면 하반기에는 삼성이 있는 거제도로 내려와요. 그런 식으로 일이 희한하게 서로 맞춰져 있어요. 와꾸가 딱 맞아요. 저기 끝나면 여기 가게끔 연결되게요.

돌관은 정해진 기간에 일을 끝내기 위해 투입하는 기술자라고 보시면 됩니다. 쉽게 말하면 긴급 투입조라고 할 수 있어요. 도장 돌관은 도장만 하고, 그라인더 돌관들도 그라인더만 하고요. 기술자들이지만 언제든 잘릴 수 있는 자리라 불안정해요. 본공은 사장이 마음대로 자를 수 없지만 돌관은 다릅니다. 우리는 3개월로 계약해도 반나절 일한 게 마음에 안 들면 바로 자를 수 있어요. 마음에 안 들고 실력이 안 되면 그렇게 할 수가 있다고, 계약서 쓰면서 미리 이야기해요. 그게 20년 전부터 내려온 전통이에요. 어제오늘 일이 아니고 전통이라니까요. 언제든 잘릴 걸 감수해야 해요. 본공보다 몇 만원 더 받는 게 위험수당인 겁니다. 퇴직금이라고 생각하면 속 편하죠.

10년 동안 돌관으로 일하면서 서른 명까지 데리고 다녀봤어요. 사무실에서 한 달에 월급이 4백이든 5백이든 간에 급여를 최저임금으로 잡아서 돌관보험을 들어줬어요. 돌관보험은 골절하고 사망만 보장돼요. 사망했을 때 2억인가 나오고 골절되면 입원비 없이 30만 원인가 나온대요. 한 달에 1인당 만 몇 천 원씩 사무실에서 넣어줬어요. 사업자등록증 없이 일할 때는 최소한의 보장이지만 그나마도 보험에 가입할 수 있었는데, 이번에는 내가 사업자 등록해서 들어가다 보니까 그

나. 조선소 노동자

것조차 못해서 일이 이렇게 꼬인 거죠.

이상하고 복잡한 계산법

지금은 일당이 10만 원 선이라는데 2017년 삼성 마틴 사고 나기 전에는 돌관 일당이 19만 원까지 올랐었어요. 19만 원이면 한 달에 받아가는 돈이 5백만 원이 넘어요. 일당이 세니까 돌관팀이나 물량팀으로 일하면 본공보다 월급이 두 배까지 돼요. 그렇지만 본공은 정년이 보장되고 학자금 혜택도 받으니까 그게 낫다고 생각하는 사람들은 본공으로 일하고요. 아주머니들은 자식 대학 등록금 때문에 본공으로 일하시려는 분들도 많아요. 돌아다니는 거 싫어해서 한 곳에서 오래 일하는 사람들도 본공직을 선호하고요.

본공 월급은 얼마 안 돼요. 한 달 수당 받고 잔업 안 하면 많이 받아도 270만 원밖에 안 돼요. 본공이니까 거기서 4대 보험도 떼야 되잖아요. 그럼 한 달 실수령액이 220, 230만 원 정도예요. 220, 230만 원에 보너스 기본급으로 두 달에 한 번 있고, 퇴직금이랑 학자금 혜택이 있으니까 그것 생각하고 일하는 거죠.

현대나 삼성도 다 시급으로 계산하거든요. 2017년까지 시급이 7천 원이었고 지금은 8천 원이잖아요. 계산하면 본공 일당이 13만 원인데 그걸 다 안 주고 하루에 만 원씩 빼서 적립해요. 만 원에 자기 출근일수로 계산해서 적립한 돈을 월급날 줘요. 뗀 돈을 퇴직금 조로 주는 거죠. 1년 돼가지고 퇴직금 이야기하지 말라는 거죠. 되게 복잡해요. 하청업체 사장들이 자기네들 돈 많이 남겨먹으려고 복잡하게 만들어 놓은 겁니다.

조선소가 아무나 다 받아주는 것 같지만 그렇지도 않습니다. 하청업체를 그만두면 3개월 동안 같은 원청의 하청업체는 못 들어가요. 회사를 오래 안 다니고 들락날락한다고 불이익을 주는 거죠. 그걸 우리끼리 '전산에 걸린다'고 말해요. 원청에서 (전산 프로그램에) 이름 치면 입사 날짜, 퇴사 날짜, 입사 날짜, 퇴사 날짜가 쭉 뜹니다. 하청업체가 달랐어도 원청이 같으면 다 떠요. 사람들이 전산에 걸리지 않으려고 현대에서 삼성으로, 아니면 대우로 옮겨 다녀요. 전산에 걸려서 옮길 때는 하청 본공직으로 가기보다 일당이 세니까 우리 돌관으로 와요. 그런데 돈 많이 받으려면 초짜보다 못 하면 안 되죠.

돌관은 하고 싶다고 하는 건 아니고 실력도 있어야 해요. 7년 이상 경력이 있어야 할 수 있어요. 돌관팀에 들어가면 팀장이 삼성이면 삼성, 현대면 현대의 시스템을 따라주면 되는 겁니다. 원청마다 규칙이 다 달라요. 국민체조 하나도 아침에 하는 업체가 있고, 점심 때 하는 업체가 있어요. 삼성 같은 경우에는 잔업할 때도 체조하거든요.

물량팀에서 일하면 월급을 떼일 위험이 커요. 물량팀장이 원청에서 임금 조로 받아가는 돈이 몇 억씩 되니까 그 돈 갖고 도망가버리는 사람이 있거든요. 원청은 하청업체와 계약한 거지 물량팀 각각과 계약한 것이 아니기 때문에 책임을 안 져요. 하청업체 사장은 물량팀장한테 계좌 이체한 근거가 있으니까 책임을 안 지고요. 물량팀장은 현장에서 잔뼈가 굵은 사람이 아니라 용역업체 업자인 경우가 많거든요. 물량팀장이 임금 받아서 도망가버리면 받을 길이 없어요.

그런데 원청과 직접 계약한 하청업체 사장이 도망가면 원청에서 받아낼 수 있어요. 보통 큰 하청업체는 관리하는 노동자가 3백 명이 넘어요. 그럼 한 달에 월급만 해도 20억이 넘습니다. 원청과 계약을 하려면 하청업체 사장이 2억 5천만 원 정도 공탁을 걸어야 해요. 그리고 8억 원에 상당하는 자기 명의의 부동산도 있어야 된다고 하더라고요. 아무 업체나 하청으로 들어갈 수 있는 게 아닙니다. 그래서 원청 바로 밑에 있는 대형 하청들을 '고급 용역'이라 부르는 거죠. 돈과 인력이 있어야 할 수 있는 일이니까요. 제가 속했던 성지산업이 바로 고급 용역이었어요.

사업자등록증을 요구했어요

평소 알고 지내던 성지산업 소장이 사업자등록증 만들어서 팀으로 들어오라고 했습니다. 일당 2만 원씩 더 줄 테니까 관리까지 하라고요. 일은 급한데 사람을 구하거나 자르는 일은 골치 아프잖아요. 사람 구하는 게 끝이 아니라 숙소도 구해줘야 하니까 할 일이 많아요. 보통 숙소를 구하려면 원룸을 구해야 되는데 집 계약은 대개 1년이거든요. 그러니까 그런 일까지 처리해주는 사람이 필요한 거죠. 하청업체는 번거로운 일 안 해도 되고 세금도 덜 내니까 사업자등록증 있는 돌관팀을 쓰는 추세였어요. 어쩔 수 없었어요.

하청업체는 금액으로 계약하는 거고, 돌관팀은 기간으로 계약해요. 돌관은 3개월이면 3개월, 한 달이면 한 달, 그 기간만 일당으로 계약해요. 총금액으로 계약하는 것하고 일당으로 계약하는 것하고 천지차이잖아요. 돈은 덩어리로 받는 거니까 하청업체가 훨씬 크죠. 1억이면 1억, 자기들끼리 나눠 가지니까요. 삼성이라는 원청이 있고 그 안에 성지산업 같은 대형 하청업체들이 있어요. 삼성 같은 경우는 그런 하청업체가 80개에서 110개 됩니다. 도장, 전선, 용접, 청소 다 해가지고 하청업체 수가 엄청나요. 성지산업이 규모가 클 때는 소속 노동자가 350명 됐는데 성지산업에 직접 퇴직금 받고 일하는 본공은 한 40~50명밖에 안 돼요. 나머지는 전부 나처럼 돌관인 거죠. 본공 40명 빼고는 그런 식으로 들어가는데 저처럼 사업자로 들어간 사람도 있고, 아니면 용역 사무실 아웃소싱을 통해서 들어간 사람들이에요.

성지산업 같은 경우는 도장이 열두 개 반이 있었고, 녹 갈아내는 그라인더반이 열 개 반 있었어요. 보통 한 개 반이 열 명에서 열다섯 명이에요. 계산하면 2백 명이 넘잖아요. 그중에 제 돌관팀 열 명이 속해 있는 거죠. 저는 성지산업하고 3개월로 계약했어요. 2017년 1월 2일부터 3월 말까지 계약이었는데, 마틴이 연기되다 보니까 3개월만 더 해달라고 하더라고요. 그래서 3개월을 재연장해서 일하다가 사고가 난 거예요.

하나 마나 한 계약이지만 마틴 때도 (계약서) 쓰자고 몇 번 이야기했었어요. 그랬더니 소장이 '일만 잘하면 되지. 시간 날 때 씁시다' 하면서 미루더라고요. 일하기로 한 3개월 끝나는 시점이 6월이니까 그때 가서 쓰자고요. 업체도 일부러 그런 건 아닐 거예요. 소장이랑 사장도 도장 출신이니까요. 소장도 조선소에 초짜부터 시작해가지고 그 자리까지 올라간 사람이거든요. 돈이 안 꼬였다면 아무것도 문제될 게 없었어요. 돈 벌러 간 사람이 돈 얼마 준다는 약속만 지키면 되는 거잖아요. 재수가 있었으면 피했을 건데, 안 다쳤으면 아무 문제가 없었는데….

병원에 입원해 있을 때 성지산업에서 계약서를 만들어 왔
더라고요. 병원에 입원하고 이틀인가 지났을 때 도장 준비
하라고 연락이 왔습니다. 사고 전날로 계약이 만료되는 계
약서였죠. 그렇게 미루더니 사고 나니까 바로 오더라고요.
도급계약서인가 근로계약서인가 정확히 확인도 못 했어요.
두 부를 갖고 오더니 읽어보고 사인하고 도장 찍으라고 내
밀더라고요. 두 부였는데 나한테 한 부 주지도 않고 다 갖고
갔습니다. 그 후에 노동청에 계약서 들어왔다고 연락이 왔
어요. 그 계약서에는 계약 기간이 4월 30일까지로 되어 있
더라고요.

사고가 안 났으면 그만둘 때까지 계약서 안 썼을 건데, 사
고가 났으니까 자기네들 유리한 쪽으로 사인 받아 간 거겠
죠. 업체 사장도 내가 크게 안 다친 게 자기 회사 살려준 거
라고 하면서 '걱정하지 마세요. 걱정하지 마세요' 하고 갔어
요. 나한테는 삼성에서 병원비를 안 내주고 나 몰라라 한다
면서 자비로 내야 된다고 하고요. 그래서 성지산업에서 내
주면 안 되냐고 했더니 그때 가서는 이상한 소리를 하더라
고요.

나, 조선소 노동자

노동자로 인정받기까지

노동청에서 삼성 마틴 사고 이후 한 달간 노동자들한테 휴업수당을 지급하라고 했습니다. 그래서 삼성에서는 휴업수당을 업체에 다 내려줬다는데 성지산업은 우리한테 안 줬어요. 안 주고 문을 닫아버렸어요. 폐업해버렸다니까요. 휴업수당도 못 받은 상태니 벌어놓은 돈 다 까먹으면서 생활한 거죠. 몸은 몸대로 제대로 치료도 못 한 상황이지만 어쩔 수 없었어요.

지난주(2018년 10월 24일)에 산재 재결서(裁決書)*가 통과되었다고 연락 받았습니다. 인정받기까지 1년 반이 넘게 걸렸어요. 착잡하더라고요. 너무 오래 끌다 보니까 안 될 줄 알았거든요. 내가 실수해서 다친 거 같으면 감수할 수가 있죠. 미안해서라도 내 돈으로 병원비 낼 수가 있다고요. 근데 일하는 중에 다른 사람 잘못으로 다친 거잖아요. 느닷없이 벼락 맞은 거 아닙니까? 그런데 사업자(등록증)가 있다고 노동

---

* 진영민 씨는 크레인 사고로 입은 부상을 산재로 신청했으나, 근로복지공단은 그가 성지산업과 도급 계약을 맺은 사업주로서 근로자로 볼 수 없으므로 요양을 승인할 수 없다는 결정을 내렸다. 진영민 씨는 이에 불복해 재심사를 청구했고, 산업재해보상보험재심사위원회 재결서로 불승인 처분을 취소한다는 결정을 받았다. 즉 진영민 씨가 사업자 등록을 하긴 했으나 그의 노동 형태 등으로 판단했을 때 근로기준법상 근로자로 보는 것이 타당하다는 결론이었다.

자가 아니라니요. (노동자로) 인정하지 못하겠다는 건 말이 안 되잖아요. 전 사업자등록증만 있었지, 다른 팀원들과 똑같이 일했다고요.

휴업수당도 못 받고 치료도 못 받으니 막막했습니다. 그러던 중 산추련에서 상담을 했고 활동가분의 도움을 받아 2017년 7월 27일 근로복지공단에 산재 신청을 했어요. 그리고 10월 10일에 '산재 불인정' 통보를 받았죠. 그런데 불인정 통지서만 온 게 아니고 추징금 통지서가 날아왔어요. 제 이름으로 되어 있는 사업장의 산재보험료와 고용보험료를 납부하지 않았다고 보험료 4백만 원을 납부하라고요. 하늘이 노래졌지요. 혹 떼러 갔다가 혹 붙이고 온 격이니까요. 산재신청서 제출했다고 보복성으로 그런 것은 아닌가 하는 생각도 들었습니다. 조선업이 불황이어서 4대 보험료 부과를 유예해주던 때였는데 저에게는 턱하고 통지서를 보냈으니 그렇게 생각할 수밖에 없었어요. 산재도 안 돼서 치료비도 혼자 감당해야 했는데 정말 어이가 없었어요. 이제 노동자로 인정받았으니 제가 내야 될 돈이 아니죠. 성지산업이 내야 할 돈입니다. 그 건도 재판 중이었는데, 산재 승인되고 공단에서 보험료 부과를 취소했어요.

끝까지 가보는 수밖에 없었어요. 산추련 활동가분과 만나 출근부터 퇴근까지 어떻게 일하는지를 같이 정리하고 증거 자료들을 모으기 시작했습니다. 출근기록부, 작업일보, 작업복 등 저는 말로만 사장이지 실제는 고용되어 있는 노동자처럼 일해왔다는 증거들이었지요. 성지에서 받은 출입증이 있거든요. 물량팀장이면 사장이라고 박혀 있는데, 나는 성지산업에서 반장으로 출입증을 받았어요. 옷도 반장 옷을 받았고요. 매일 작업일지도 적었어요. 물량팀장이면 작업일지 적을 필요가 없죠. 물량만 책임지면 되는데 일지 적을 필요가 없잖아요? 작업일지도 사진으로 찍어가지고 다 보내줬어요. 내가 관리하는 팀에 우리 돌관팀이랑 성지산업 본공들도 섞여 있었거든요.

그래서 더 인정된 거죠. 직장 이름 있고 내 이름 있고 그다음에 본공 다섯 명, 우리 돌관팀 사람들 이름이 있었거든요. 물량팀장이라면 독립된 업체니까 보고할 필요가 없어요. 계약한 일을 계약한 날까지 끝내면 되는 건데 나 같은 경우는 매일 카톡으로 보고를 해야 했어요. 성지산업 직장한테서 매일 오더를 받았고요. 노동감독관 말로도 하청업체 관리자들이 일하는 사람들한테 다이렉트로 오더를 주면 나중에 해고수당도 청구할 수 있다고 하더라고요. 그런 경우는 돌관이라도 본공처럼 일했기 때문에 인정받을 수 있다는 거죠.

그렇게 모은 자료로 심사청구를 진행했습니다. 하지만

2018년 4월 4일 다시 (산재) 불승인이 나왔어요. 당시 자료를 보면 공단 자문 변호사 세 명 중 두 사람은 인정된다고 했는데도 승인이 안 된 거더라고요. 공정하지 못하다는 생각이 들었죠. 사고 나고 1년이나 흐른 뒤라 더 답답했던 거 같아요. 그리고 또 속절없이 몇 개월이 지났어요. 2018년 5월 말에 다시 재심사를 넣었어요. 그리고 최종 통보 받은 날짜가 10월 24일이었습니다. 알아보니 8월 심사 후 승인이 되었다는데 두 달이나 지나서 통보해준 거였습니다. 여러 가지 사회적 파장 등을 고려하여 신중하게 검토하고 문구를 조정하느라 두 달이나 보냈다는 거예요. 우리 같은 사람의 심정과 고통은 정말이지 신경도 쓰지 않는다는 생각이 들었어요. 처음 신청하고 1년 3개월 만에, 사고 나고 1년 5개월 만에 승인된 거였습니다. 참 한숨밖에 안 나네요.

조선소 일이 그래요. 출근시켜서 손 놓고 앉아 있으라고 할 수 없으니까 일이 몰릴 때만 사람을 단기로 뽑아요. 3개월짜리 돌관을 쓰는 거죠. 심지어 한 달만 쓰는 데도 있어요. 조선소가 다 그런 식으로 일을 해요. 삼성이 편하게 일하려고 성지 같은 하청에 일을 내려주고, 하청은 자기들 편의에 맞춰 돌관을 끼고 일하는 거죠. 우리는 그들의 요구에 맞춰 일했을 뿐입니다.

나, 조선소 노동자

사고는 규칙을 어겨서 난 겁니다

정신과 심리상담은 작년에 조금 받다가 그만뒀습니다. 작년에는 사고 당시 꿈을 많이 꿔서 힘들었는데, 지금은 그런 꿈을 꾸는 횟수가 줄었어요. 사고 직후에는 건설 현장 옆도 못 지나갔어요. 근처만 가도 크레인이 넘어질 것 같아서요. 건설 일용으로 가끔 일하는데 크레인이 없는 조그만 데만 가요. 조선소에서 도장으로만 계속 일하다 보니까 건설 쪽은 잘 모르잖아요? 낯설어서 꾸준하게 가지는 못해요. 나갔다 안 나갔다 그럽니다. 일을 안 할 때는 그냥 집에 있어요. 인터넷 바둑 두면서 시간 보내요. 마음이 힘들 때 바둑을 두면 좀 편안해지데요. 거기에만 신경 쓰면 되니까, 집중하면 다른 생각을 잊을 수 있으니까요.

근데… 그 크레인 기사하고 신호수는 구속됐죠? 그날… 신호수가 없었어요. 평소에는 크레인이 올라오면 장비가 놓아질 자리에 아무도 못 오게 했어요. 담배 피우는 사람들도 다른 쪽으로 보내고요. 신호수가 항상 호루라기를 불거든요. 그 옆 화장실이라도 가려면 신호수가 '아저씨 오지 마소' 하면서 소리를 쳤어요. 그래서 돌아가야 했는데 그날은 아무도 없었어요. 삼성에서 나온 안전관리사도 안 보였습니다. 원래 안전관리사가 계속 돌아다니거든요. 결론은 그거

아닙니까? 평소대로 규칙을 지켰으면 사고가 안 났을 건데
규칙을 어긴 거잖아요.

나. 조선소 노동자

안 났으면 좋겠어요.
이제 이런 사고…
안 날 거예요…

구술 김종배

기록 손소희, 이은주

글   이은주

내가 전화를 받았으면 친구가 살 수도 있었을까…

반실성했어요… 그때 반실성을 했다는 게 맞죠. 허리가 아픈 줄도 몰랐고 내려오면서 계속 울었을 거예요…. 현장에서 안전요원들이 다 내려가라고 하는데 안 내려가겠다고, 반장 끄집어내야 한다고, 빼내는 거 보고 내려가겠다고 우기고… 울었죠.

인원 파악한다고, 누가 다쳤는지 파악한다고 모이라고 했대요. 모인 곳에는 가보지도 못하겠고 구석에 앉아서 담배 피고 울고 있으니까 옆에 있던 동료들이 환자들 병원 이송하는데 저에게도 병원 가보라고 하더라고요. 괜찮다고 하면서 한 시간은 버틴 거 같아요. 괜찮다고 하면서 울기만 했어요. 계속 눈물만 난 거 같아요. 담배만 피면서, 벌벌벌 떨면서… 나는 안 가겠다고, 나는 안 깔렸다고, 괜찮다고 하는데도 동료들이 내가 상태가 너무 안 좋다고 차에 태워 병원에 데리고 갔어요. 그렇게 병원으로 옮겨간 거 같아요. 지금 생각해보니까 정말 떨었네요….

반장도 어떻게 수습해서 병원으로 옮겨졌는데 그때 벌써 시신이었죠…. 병원 이름을 모르겠다, 거제도 있는 병원인데 이름이 기억이 안 나요. 병원에서 친구, 반장 살았는지 죽었는지 부사수랑 계속 묻고 다녔어요. 내가 부사수한테 그런 말을 했어요. '사람이 쉽게 안 죽는다, 어? 괜찮을 기다.' 그때부터 무슨 일을 기억을 잘 못해요. 기억을 안 할라고 하는 거 같아요. 기억력이 자꾸 떨어지고, 그냥… 잊어버리려고 하는 게 많아요.

병원이 포화 상태였어요. 상태 좀 괜찮은 사람들은 갔다가 다시 오라는 얘기를 듣고 기숙사로 갔지요. 기숙사 가서도 여기저기 전화 걸어서 상황을 파악할라고 했어요. 기숙사에서 못 잤죠, 안 잤죠, 못 잤죠…. 다 한 방에 모여 있었어요. 다 잠을 이루지 못했어요. 술 먹는 동생들도 있었고. 그냥 멍하니, 진짜로 멍하니 있었어요. 반장 소식 듣고 그때부터 더 멍해졌죠. 반장이 죽고 제가 조장이니까 조원들 다 독거려줘라 챙겨줘라 연락이 왔는데, 하아, 내부터 죽겠는데 뭐…. 사고 때문에 보름인가 한 달인가 노동부에서 작업 중지 내렸다고 다음 날부터 일 못 한다고 하니까 늦게 합류하고 정이 적게 든 동생들은 집에 가버리고, 6개월 이상 하면서 정든 동생들은 반장님 죽었다니까 장례식이라도 보고 간다고 남았지요.

사고 난 다음 날 병원 갔다가 장례식장 갔다가 하루 종일 있었거든요. 장례식장에 붙어 있었는데 장례를 못 치른다는 거예요. 법적으로 해결이 돼야 한다고. 삼성중공업 사장이 해외 나가 있는데 온다 카고, 박근혜 대통령 탄핵되면서

나, 조선소 노동자

대선 막바지라서 대선 후보랑 국회의원들도 온다 카고, 말만 들었지. 계속 구석에서 담배 피우면서 울기만 울었던 거 같아요. 원래 눈물이 없는 사람인데, 제가 진짜 눈물이 없는 사람인데 많이 울었던 거 같아요. 내 아픈 것보다 친구 장례를 치르는 게 더 큰일이라서, 하루 종일 장례식장에 앉아 있다가 기숙사에 들어가서 자고 또 나와가 있다가 그렇게 보냈어요. 장례 치르는 데 일주일은 걸린 거 같아요. 한참 있었던 거 같아요. (거제에 있는 동안) 동생들도 챙겨야 하고, 일을 계속할 건지 말 건지 파악해보고 그랬거든요. 전부 '모르겠다'였죠. 결국 (작업)중지 먹어서 한 달 정도 일을 못 하니까 다들 집으로 돌아갔어요. 저도 장례식 마치고 하룬가 이틀인가 더 있다가 대구로 왔죠.

처음엔 자책했죠. 사고 난 시간에 전화 왔을 때 바로 내가 전화 받았으면 이 친구가 살 수도 있었을까? 그 자리만 피하면 안 죽을 수도 있었을 텐데 두 발짝만 옮겼어도…. 혹시나 내가 전화를 받았으면, 몇 발짝만 움직였으면 안 죽었을 텐데. 그러면 동생들이 '아니다 반장님이 전화 받았으면 형님도 죽었지 형님이 전화 받았으면 형님이 반장한테 갔지 반장이 형님 쪽으로 올 리가 없었다면서 전화 받았으면 형님도 그 자리에 가서 죽었을 거라고, 같이 살지 못했다' 했어요. 맞는 말이에요. 3년 동안 함께 일을 해봐서 아는데, 그 친구가 반장인데 내한테 올 리가 없거든요. 그건 맞거든요.
그래도 자책이 되더라고요…. 미안한 생각 많이 했어요. 집
에 돌아와서도 밤 되면 밖에 나가서 담배 피우면서 혼자 친
구에게 이야기하고 있는 거예요. 정신 차려보면 하늘 보고
'미안하다 친구야, 편안하게 쉬어라', 혼자 얘기하고 있는
거예요. 왜 그러지, 왜 그러지, 그만해야지 하는데도 그다음
날도 또 그러고 있는 거예요.

반장하고는 용역업체 통해서 만났어요. 일하러 갔는데 나
이도 동갑이고 하니까 친구처럼 지냈어요. 처음 중공업 일
시작하면서 이 사람 밑에서 일 배우면서 죽 같이 일했죠. 중
공업 일이 워낙 힘드니까 사람들이 자주 나가요, 사람이 나
가면 다음 사람이 중간 일을 배우는 식이죠. 조장 하던 사람
이 그만두고 떠나면 그 밑에 있던 사람이 조장 대우를 받고
그에 맞는 일을 배워서 조장을 맡는 구조거든요.

거의 3년 동안 지나 내나 쉬지 않고 일했어요. 남들은 무
슨 일만 있으면 집에 간다고 하고 놀러 간다고 하고 아프
면 쉰다고 해도, 우리는 몸살 나도 일하러 갔고 잔업 같은
거 빠지지 않았어요. 쉬는 날 없이 일한다고 고생했어요. 반
장하고 제가 한 3년을 한 달에 한두 번 집에 가고 거의 같
이 지냈거든요, 같은 기숙사에서요. 반장은 집이 부산이어
서 일주일에 한 번씩은 주말에 갔다가 와서 일하고 정말 열

심히 살았어요. 20년 정도 이 일을 한 사람이라 말이 반장이지, 팀장이에요. 반 사장 비슷한 사람. 일주일에 용돈 2만 원 받아서 3년 내내 거의 매일 '종배야 술 한잔 사도' '오늘은 뭐 먹으러 가나?' 그래요. '니가 사냐?' 하면 (반장이) '니가 사야지' 그래요. 미우면서도 지가 현장에서 챙겨주니까. 전세로 있다가 아파트 샀다고 좋아하고 있었는데… 아파트 샀다고 좋아했는데 얼마 안 있다가 사고가 난 거거든요. 많이 안타깝고 허무했죠. 허무한 게 많죠.

삼성에서 하청업체에는 어떻게 했는지 모르겠고 저한테는 신경 쓴 게 아무것도 없었어요. 전화 통화, 문자 한 통, 삼성중공업 이름으로 날아온 게 아무것도 없어요. 사고 후에 경찰서에서 조사 받으라고 연락이 왔어요. 사고 나고 이틀 후였던 것 같아요. 장례식장 갔다가 첫날도 안 먹고 둘째 날도 아침 점심 다 굶고, 그래도 산 사람은 먹자고 여섯 명이 식당 찾아서 밥 먹고 있는데 계속 전화가 와서 받으니까 경찰이 식당으로 찾아왔더라고요. 같이 있던 동갑인 조장 친구가 이 상황에 그런 걸 꼭 해야 되겠냐고, 정리 좀 되거든 할 테니까 가라고 경찰하고 싸웠어요. 그때 '종이를 들고 새벽에 밥 먹고 있는 데까지 와서 이래야 하나' '오늘 첫 끼다' '전부 다 밥도 못 먹고 있다' 화를 냈죠. 경찰이 자기들은 공무적 성격이니 어쩔 수 없다 미안하다 하면서, 말은 미

안하다 하는데 좀 그랬죠. 나중에 전화 와서 미안하다 사과
하더라고요.

치료 받으러 갔다가 스트레스만 받았죠

거제도에서 대구로 운전해서 오면서도 계속 허리가 아파
가지고 중간중간 섰다 오고 섰다 오고 했거든요. 보통 거제
에서 대구까지 두 시간 반 걸리는데 그날 집으로 올 때 제
기억으로는 네 시간 반에서 다섯 시간 반은 걸린 거 같아요.
운전하는데 앞에 사고 현장 환영도 보이고, 도로를 봐야 하
는데 꿈꾸는 것처럼 거기로 들어가버리는 거예요. 앞에 보
이는 친구를 구해야 한다면서 구할라고 내가 그 안으로 자
꾸만 들어가는 거예요. 그러다 정신 차려보면 운전하고 있
고 그랬어요. 그 뒤에 대구 와 있는데도 시내에서 누가 보자
해서 나가다 보면 그런 일이 생겼어요. 접촉사고도 몇 번 나
고, 슈퍼 가면서도 사고가 났어요. 나중에 정신과 상담 받아
보라고 했을 때 그거 때문에 한다고 했던 거예요. 안 그랬으
면 안 했을 거예요. 그때 정신과 치료는 생각을 못 하고 있
었지요. 이카다 말겠지 생각했지. 그때부터 무기력해진 거
같아요. 허무하고 아무것도 하기 싫고.

한번 아무것도 모를 때 개인 정신병원에 갔었어요. 자꾸 사고 환영이 보이고, 접촉사고가 나고, 밤에 잠도 못 자겠고, 기억을 못하고 해서 찾아간 거죠. 병원에 가서 크레인 사고를 경험했다고 했는지는 모르겠어요. 딸 이름이 기억이 안 났어요. 일요일인가 둘이 같이 있으니까 무슨 말이라도 걸려고 '딸, 아이스크림 사먹을까' 이 말을 하려고 부르려는데 이름이 생각이 안 나는 거예요. (머리를 손주먹으로 톡톡톡 두드리면서) '어, 어, 내 딸, 뭐지 뭐지' 제가 이런 거예요. 딸이 바로 앞에 있는데, '아이스크림 먹을래' 딸한테 물어볼라고 했는데, 그냥 부를라고 하는데 이름이 생각이 안 나는 거야, 딸 이름이 기억이 안 나는 거예요…. 열한 살인데, 11년을 불렀던 딸이고 내가 완전 딸 바보거든요. 결국에는 "딸", 이렇게 부르고 말았어요. 답답했어요. 그 후로도 뭔가 잊어버리는 게 반복됐어요. 사람 이름, 회사 이름, 시간 같은 것도 다 잊어버리고 '병원에 무슨 요일 몇 시에 오세요' 하면 아침까지만 해도 오늘 오후 병원 가는 날이라 해놓고 잊어버리고 안 가고 늦게 가고 그랬어요. 계산도 안 되지, 사고 전에 비해가지고 지금도 많이 멍청해져 있어요.

사고 나고 한참 지나서 노동부 지도과에 근무하는 근로감독관이라면서 정신보건센터 심리상담을 지원한다고 연락이 왔어요. 문자를 잘 확인하지 못할 때고 정신과에 대한 편견도 있고 그래서 그냥 넘겼죠. 작년(2017년) 9월경인가 산추련에서 병원 상담만 한번 받아보자, 치료라고 안 하고 상담을 받아보자고 하더라고요. 처음에는 상담을 왜 받나 싶었죠. 해결도 안 될 거 같았고 산재가 될지 안 될지 모른다 했으니까요. 가니까 그림 그려보자 하고 뭐 그런 거 하더라고요. 가벼운 마음으로 상담만 받아보자 싶었는데 30만 원이 들어서 당황했지요. 일주일인가 지나서 결과 나왔대서 의사샘하고 이야기하고 나니까 또 20 몇만 원이 나왔어요. 열흘 상간에 60만 원 든 거 같아요. 정신과라서 보험 처리도 안 된다 하고 개인 보험도 안 된다 하고, 의사가 '어떻노?' 하면 '환영을 몇 번 봤다', '사고 현장이 꿈에 나온다' 답하고 5분 10분도 안 되는데 30만 원 돈 내놓으라니까 겁이 나더라고요. 야, 이제 월급도 안 나오니까 돈 나올 데가 없는데, 사람 죽겠더라고요. 안 한다고 했어요. 있던 돈도 다 쓰고, 카드 값은 자꾸 늘어서 걱정하고 있을 때고, 집사람도 그렇고 나도 겁이 살 나더라고요. 두 번째 가니까 삼성에서 같이 사고 난 다른 업체 사람이 왔더라고요. 구미 사는 사람인데 두 번 정도 돈이 들어가고 그다음부터는 돈이 많이 안 든다 하더라고요. 그 얘기 안 들었으면 관뒀을 거예요.

산재로 트라우마 치료 받으면서 어려움이 많았어요. 대구에서 큰 병원인데, 환자가 많아서 그럴 수도 있지만 너무

　　　　　　　　　　　　　　나. 조선소 노동자

건성건성이었거든요. 갈 때마다 하는 말이 그거에요. '어때요?' 그래서 물어서 잘 모르겠다고 답하면 '언제까지 모른다 카노?' '일하러 가는 게 안 나아요?' 이래요. 저도 일하러 가는 게 낫죠. 그럼 또 '자꾸 이래 와갖고 약만 먹으면 우얄라 카노?' 이래 말해요. 그거를 자기가 봐서 괜찮다 안 괜찮다, 좋아졌다 안 좋아졌다 해야 하는데 어떠냐고 물어보고 '몸은 괜찮으니까 괜찮다, 이제 그만해도 안 되나, 언제까지 올라 그러노', 갈 때마다 그런 식이었어요. 내가 안 와도 되는데 나랏돈 받으려고 억지로 오는 사람 취급당하는 느낌이었죠.

또 의사 선생님이 잠에만 중점을 두시더라고요. 잠을 자느냐 못 자느냐 묻길래 '못 자요, 지금도. 지금도 새벽에 계속 깨고 그래요' 하면 다른 건 안 물어요. 약 먹으면 어떠냐고 물으면 똑같다고 답했죠. 그게 다더라고요. 2월에는 의사가 '약 먹으면서 일해도 된다' 이런 식으로 서류를 적어서 산재공단에 올린 모양이에요. 그때부터 산재 휴업급여가 안 나왔어요.* 모르고 있다가 5월달인가 근로복지공단에 전화를 해 물어봤더니 일하러 갈 수 있다는 의사 소견이 나와

---

* 산재 요양을 하면 주치의가 진료계획서를 근로복지공단에 제출하는데 '취업 치료 가능 여부'를 체크하게 되어 있다. '취업 치료 가능'으로 요양이 결정되면 병원에서 진료를 받은 날만 휴업급여가 지급된다.

서 급여가 안 나간대요. 그래서 다시 실업급여를 받아야 하는데 실업급여 받으려면 의사 소견이나 의견서를 받아오라고 하더라고요. 다시 의사한테 가니까 이번에는 일하러 가도 되는지 안 되는지 자기는 모르겠대요…. 그래서 제가 그랬죠.

'선생님이 2월달에 일을 하면서 약만 받아가면 되겠다 이래갖고 지금 돈 나오는 게 하나도 없다. 수입이 없다. 그런데 이제 와가지고 일하러 가도 되는지 안 되는지 모르겠다고 하면 저는 어떻게 합니까. 그럼 그렇게 하나 적어주세요. 그냥 모르겠다고. 그럼 내가 산재 공단에 가서 산재 나오는 거 그걸 받겠다.'

그것도 안 된대요. 이 의사가 하, 자기 마음대로인 거라. 거창하게 적어달라는 것도 아니고 '일하면서 약만 받아가면 되겠다' 그 내용 적어달라니까 일을 해도 될지 안 될지 확신이 안 선다고 하고, 그럼 그렇게 적어달라, 어떻게든 적어서 달라 하니까 '일을 하고 싶어 함', 이리 적었을 거예요. '본인이 일을 하고 싶어 함' 이렇게 주더라고요. 치료하러 갔다가 스트레스만 받았죠. 안 가고 싶어요. 병원인데 치료 받으러 가는 게 아니고 약 받으러 가는 거밖에 안 되는 거예요. 그래서 지난여름부터 병원에도 안 가요.

지금 일 안 하고 있는 저는 많이 초라하죠

사고 때 허리를 삐끗했죠. 넘어지면서 그랬는지 철제 쓰레기통 들면서 그랬는지 염좌가 생겼다고 하더라고요. 처음에는 산재 처리를 안 하려고 했는데 회사 측에서 산재 처리는 무조건 해야 한다, 이게 큰 사고라서 산재처리를 안 하면 안 된다고 하더라고요. 회사랑은 카톡으로 연락을 주고받았어요.

억울한 게, 디스크 두 군데가 있었는데 원래 있던 거다 해서 산재 처리가 안 됐어요.* 3년을 일하면서 잔업 빠진 적이 한 번도 없었어요. 그만큼 일하는 데 아무 지장이 없었거든요. 그러다 이번 사고 나고 계속 아픈 건데 염좌는 아무것도 아니다, 3~4주 치료 받으면 끝나는 거다 이러더라고요. 어쩔 수 없이 2주 있다가 퇴원을 당한 거죠. 산재로 총 4주 치료를 받았어요. 더 이상 안 된다더라고요. 퇴원하고는 얼마동안 참았죠. 계속 반신욕하고 파스 붙이고. 근데 이런 식으로 해가지고 안 되겠는 거예요. 재입원을 했지요. 도저히 안 되겠더라고요. 도수치료 같은 고가 치료는 보험 처리가 안

---

* 김종배 씨는 사고로 요부염좌, 두 군데 요추추간판탈출증 진단을 받았으나 근로복지공단은 요부염좌만 산재로 승인했다. 그러나 기존 질환이 업무로 악화된 것도 인정한다는 업무상 재해 인정 기준이 있다.

되는 게 많다고 했어요. 산재는 종결되었고 제 개인 실비보험이 있으니까 개인 보험으로 치료를 여섯 달 가까이 했지요. 지금도 비 올 때면 비 오기 전에 아프고 정말로 그래요. 무거운 물건 들면 안 좋고요. 아프다기보단 우리하니(욱신욱신하니) 그래요. 항상 겁이 나요. 불안하고. 그때보다는 많이 나아졌지요. 그때는 아무것도 못할 정도로 심했어요. 집에서 힘든 일을 안 시켜요. 집이 농사를 짓는데도 저를 안 시키거든요. 저도 겁이 나가지고 못하겠고요.

다른 사람들이 저한테 치료도 그렇고 알아보면 좀 더 받을 수 있을 텐데 하더라고요. 그런데 지금도 약간 무기력해요. 뭐를 안 해요. 안 하려고 그래요. 일상 범위에서 안 벗어나려고 해요. 자고 일어나면 집에 소일거리, 청소나 단순하게 세탁기 돌리고 빨래 널고, 당구장 갔다가 자고, 그런 일이나 하는 게 편해요.

사고 이후로 술은 안 해요. 대신 담배는 두 배로 피워요. 일할 때는 반 갑 정도였는데 지금은 한 갑이 넘어가니까요. 담배를 안 떨어지게 하려고 막 노력해요. 살 때 세 갑씩 사고. 밥도 불규칙적이에요. 챙겨줄 사람이 없으니까 먹고 싶으면 먹고 하루 한 끼 안 먹는 날도 많아요. 그냥 눈뜨면 당구 치다가 와서 한 끼도 안 먹고 자는 날도 많아요. 밥 먹는 걸 잊어버려요. 뭐라 해야 하나, 규칙적인 생활을 하다가 그

나, 조선소 노동자

게 안 되니까….

당구는 고등학교 2학년 때부터 치기 시작했어요. 취미도 취미인데 그거 말고 달리 할 게 없었죠. 사고 있고 1년째 쉬고 있으니까. 낮밤이 바뀌어서 일부러 몸이 지칠 때까지 밤 11시, 12시까지 있다가 진짜 피곤하면 집에 와서 자고 아침에 집사람 출근시켜주고. 병원 다니면서 약 먹고 해도 잘 못 자고 많이 못 자고 하니까 일부러 몸을 지치게 하려고 당구를 많이 쳐요. 일 없으면 거의 매일 가요. 마음이 편안해진다기보다는 당구가 산수 작업이니까 신경을 많이 써야 하는 스포츠라 집중을 많이 해야 하고 상대방이랑 이야기하면서 집중하지요. 현재로선 많이 위안이 돼요.

일단 많이 방어적이게 됐고 활동적이지 못하게 됐고 움츠러들고 기억력이 많이 떨어졌죠. 그리고 안전을 더 생각하게 됐다고 해야 하나, 예전에는 운전을 하면 스피드를 즐겼는데 속도를 많이 줄였어요. 지금은 고속도로에서 무조건 80킬로예요. 80 이상 안 밟아요. 제일 바깥 차선으로 80. 뒤에서 빵빵거리면 비상깜빡이 넣고 먼저 가라고 하죠. 사고 나고 일주일 동안은 운전을 못했어요. 손발이 떨려서 그랬고 동생들도 '형님 운전하지 맙시다, 택시 타고 갑시다' 하고. 자연스럽게 그렇게 됐어요. 걷는 걸 안 좋아해서 담배 사러 갈 때도 차 끌고 다닌 사람이었는데, (사고 이후) 담배 사러 가면서도 자꾸 접촉사고가 나니까. 좀 괜찮아졌다고 생각 들어서 운전해서 시골 영천에 부모님 댁 갈 때 또 고속 도로 올라가면 환영이 보이고…. 이게 다 고통이잖아요. 일상적이지 못하잖아요, 허리 아픈 것부터 시작해서.

크레인이 떨어진 자리는 일하다가 사고가 난 장소가 아니거든요. 거기는 작업 현장이 아니었어요. 쉬는 공간이거든요. 저처럼 작업 지시 받으러 간 사람도 있는 거고 쉬러 온 사람도 있었을 텐데 그냥 떨어져서 죽어뿌는데. 그러니 세상에 안전한 데가 있겠어요? 이런 생각이 아예 머리에 박혔어요. 위에 물건이 있으면 떨어질 거 같고, 차 운전하다가 지상철(대구 3호선 모노레일)이 옆으로 지나가거나 하면 그것도 떨어질 것 같고, 떨어질 수 있으니까 피해 다니고. 표지판 있잖아요? 그걸 피해 다녔어요. 떨어질까 봐 피했어요.

옛날 같으면 싫은 게 있으면 싫다고 했는데 요즘은 내 주장을 아예 빼버리니까, 허허 하고 있으니까, 변했죠. 전에는 분쟁이 생기면 맞다 틀리다를 가리려고 애를 썼는데 이제는 그게 귀찮아요. 이제는 그런 게 큰 의미가 없어 보여요. 누가 싸우려고 달려들면 '니가 이기뿌라' 하는 쪽으로 변한 것 같아요. 피해버려요. 예전에는 성질 급했죠. 죽으면 끝인데…. 그런 게 변한 거 같아요, 많이 약해졌지요. 무기력해졌죠.

그래도 집사람한테 지지를 많이 받았죠. 집사람은 다독거리면서 힘 주려고 그러죠. '괜찮아질 거다' '일단 쉬어라 쉬어도 된다' '쉴 때 푹 쉬고 또 일 시작하면 당신 안 쉬고 부지런하게 하잖아' 이러면서 벌 때 벌면 된다고 말해줘요. 그런데 주변에서는 '일하러 안 가나?' 하죠. 멀쩡해 보이거든. 한량도 아니고 동네 양아치도 아니고 맨날 당구 치러 다니고, 마누라는 돈 벌러 가는데 집에서 빨래나 개고 설거지나 하고 앉았으니까, 그런 지 한두 달도 아니고 1년이 넘었으니까. 멀쩡한 놈이 맨날 놀고 있으니까, 쯧쯧쯧 하는 분위기가 오래되었어요.

제일 겁나는 게 돈이고 가족이죠. 혼자 생각이지만 작년에 이혼까지 생각했어요. 이혼해서 받는 혜택이 있잖아요. 한부모 가족들에게 주는 혜택 같은 거. 그래서 이혼하고 내가 해줄 수 있는 것은 해주자고…, 나중에 다시 합치면 되니까, 안 되면 어쩔 수 없고, 혼자서 고민했지요. 집사람한테 이혼하자고 말할 수는 없잖아요.

집사람한테 제일 미안하죠. 1년 넘도록 자기가 가장이니까. 대충 알잖아요, 얼마씩 나가는지. 세 명 보험료하고 애 학원비 주고 나면 돈이 없어요. 제가 왔다 갔다 쓰는 돈하고 기름 값이나 이런 거도 생각보다 꽤 나오더라고요. 담배도 피우죠. 계속 마이너스가 되는 거예요. 어려울 건데 돈 얘기를 저한테 한마디도 안 해요. 거실에서 언니한테 돈 좀 빌려달라고 하는 걸 제가 우연히 방에서 들었어요. 그래도 나한테는 끝까지 얘기를 안 하더라고요.

그런 거 보면 일하러 가야 되는데 못 가고 있어요. 뭐가 무서운지 모르겠어요. 왜 안 가는지 모르겠어요. 그냥 조금 더 쉬고 싶은 거 같아요. 그냥 아무 생각 안 하고 싶은 거 같아요. 덜 부딪히고 싶고 신경을 안 쓰고 싶은 거 같아요. 뭐가 문제인지도 모르겠어요. 문제를 모르니까 답을 모르겠어요. 시간이 좀 더 필요한 거 같아요. 가만 놔두면 나아질 거 같아요.

지금 일 안 하고 있는 저는 초라하죠. 엄청 초라하죠. 좀 멍해요. 하고 싶은 것도 없고, 이제는 뭘 해도 끝이 허무할 거 같고. 죽어뿌는데⋯. 3년을 그 반장을 봤는데, 용돈 2만 원 받아와서는, 담배 값이 4500원이잖아요. 6일 동안 담배 값도 안 돼요. 담배도 얻어 피워요. 술도 얻어 마시고. 그렇게 빠닥빠닥 살아서 아파트 전세로 살다가 내 거로 바꿨다고 자랑했는데, 뭐 해요. 죽어뿌는데, 쎄 빠지게 일하던 놈은 디져뿌고 허무하죠⋯.

쉬지 않고 일하며 살아왔지요

첫 직장은 (대구) 그랜드호텔에서 아르바이트를 1년 6개월 정도 했어요. 군대 다녀오니까 어른들이 귀농을 하셨더라고요. IMF 때죠. 오랫동안 중국집을 하다가 너무 오래 했고 돈을 좀 벌었으니까 힘들다고 해서 숯불갈비집으로 바꿨는데 어려워진 거죠. 그때는 호텔에 입사할라니까 자리가 없더라고요.

그래서 스물여덟 살에 아르바이트 삼아 하려고 구미로 혼자 찾아갔어요. 계획은 없었어요. 부모님은 영천에서도 시골로 멀리 들어가 계시니까, 기숙사가 있대서 갔어요. 대우 하청인데 TV 모니터 케이스 만드는 데서 케이스 색깔 입히는 스프레이 기술자로 일했어요. 스프레이 기술은 들어가서 익혔어요. 시끄럽고 냄새 나고 하루 종일 서서 일해야 하니까 젊은 친구들은 힘들다고 싫어했어요. 아침 8시부터 잔업해서 밤 8시에서 10시까지, 바쁠 때는 더 늦게까지 할 때도 있고요, 촌이라 할 게 없으니까 저는 잔업을 잘 안 빠졌어요. 회사에서 '일요일 날 일할래?' 물으면 거의 다 참가했어요. 따로 할 게 없었어요.

신나가 있으니까 화재 위험이 있다고 불 조심해야 한다고 했는데 불난 적은 없었고, 귀가 안 좋아지더라고요. 스프레이 작업을 하면 페인트 가루가 날려요. 이걸 빨아당겨 배출하는 기계, 우린 '후앙'이라고 했는데 이걸 열두 시간씩 열네 시간씩 돌리니까 소리 때문에 귀가 안 좋아지더라고요. 대기업은 들어가기가 힘든데 하청은 작은 회사들이니까 안 힘들어요. 그렇게 비슷한 일을 8년 했어요.

구미에서 1년 있다가 부인을 만나 결혼했어요. 하루는 아기 낳고 얼마 안 돼서 아기가 아프다고, 집사람도 아프다고 연락이 온 거예요. 조퇴 좀 하자니까 안 된대요. 직원이 백 명 되면 기술자가 서너 명이거든요. 그래서 기술자가 빠지면 사람들이 할 일이 없어져요. 한 명이 가버리면 일이 안 되니까 잠깐 외출 갔다 온다고 하는데도 바쁘다면서 안 된다는 거예요. 이해를 할라고 노력을 했죠. 실제로 바빴으니까요. 근데 그때 옆 라인에 문제가 발생해서 그 라인 전체가 서버렸어요. 거기도 기술자 두 명이 있었는데 할 일이 없다고 퇴근을 시켜버리는 거여요. 그래서 제가 애기랑 집사람이 아프다니까 저기 둘 중 한 명을 일을 시키고 조퇴를 좀 해달라고 얘길 했어요. 안 된대요. 결국 옆 라인 두 사람을 퇴근을 시키는 거야. 이쪽은 LG 일만 하고 저쪽은 대우 일만 한다는 거죠. 서로 바꿔서 일해도 되는데. 그래가지고 5시까지 일했나? 첫애고 아프다고 하는데, 다 같이 못 갔으면 참았을 텐데… 그다음 날 바로 그만뒀어요.

집 구하고 나서 일자리 구하면 된다 생각하고 처갓집이 있는 대구로 왔죠. 일 배우면서 자격증을 따도 된다고 해서 부동산 중개 일을 했어요. 부동산 하다가 좀 사람이 나태해지는 것 같더라고요. 계약이 잘 될 때는 많이 벌고, 끊기면 일이 없으니까. 그래서 들쑥날쑥한 것보다 안정적인 일을 찾으려 했어요.

알 수 없는 이중 근로계약

신문 광고, 벼룩시장이었던 거 같아요. 그거 보고 일하러 갔어요. 조선소 일을 한다는 건 알았지만 어떻게 할지는 몰랐죠. 조금 더 벌려고 시작했지요. 울산에 있는 아웃소싱 사무실에서 면접을 보고 난 뒤 전화가 오더라고요. 일하러 오라고. 가니까 또 면접을 보더라고요. 현대에 간다는 건 현대 하청업체에 간다는 거예요. 하청업체에 등록하고 인력업체는 빠지고. 그런데 월급은 인력업체가 받아서 자기들 몫을 하루에 얼마씩 빼고 지급하는데 명의는 하청업체 이름으로 나와요. 인력업체는 광고 내서 사람 모집하고 기숙사 제공하고 기숙사 관리하고 인원 관리하고 그러는 게 다예요.

처음에는 울산에서만 일했고 울산에 일이 없어서 거제 갈 때 사무실도 같이 갔죠. 사무실은 두 사람이 있을 때도 있고 세 사람이 있을 때도 있어요. 팀장이라는 사람이 사장님 같아요. 면접 보고 일 도와주는 직원 하나 있고. 저는 거기 한 군데하고만 일했어요. 그래서 거제로 가자고 하면 갔죠. 어차피 울산이나 거제나 집에서 먼 거는 같으니까. 한 사람당 하루에 5천 원인가 떼고, 잔업하면 또 얼마 더 떼어가고.

저희가 하청업체로 들어가잖아요. 하청업체하고 저희는 최저시급으로 계약하거든요. 근데 저희가 받는 실제 금액은 그것보다 많아요. 하청업체하고 쓴 근로계약서에 보면 최저시급으로 되어 있는데 저희는 그것과 상관없이 아웃소싱업체하고는 따로 계약, 아니 계약을 했던 거는 아니고 하루 얼마 줄게 이게 다거든요. 나중에 조장 달고 6시까지 해서 일당 12만 5천 원 받았나? 근데 최저임금으로 시급을 계산하면 12만 5천 원보다 적잖아요? 저희야 일한 만큼, 받기로 한 돈만 받으면 되니까 자기들끼리 어떻게 거래하는지는 모르죠. 조선소지만 한 자리에만 있는 게 아니라 공정 끝나면 일이 없으니까 팀장이 다른 일 알아보고 일거리 많은 데로 가는 거죠. 현대, 대우, 삼성, 저는 얼마 안 돼서 1년, 1년, 1년 이렇게 했어요.

처음에 현대중공업 하청업체에서 전선 포설하는 일을 시작했죠. 전선이 여기서 저기로 연결이 돼야 배에 전원이 들어가잖아요? 그 전선을 양쪽에다 연결시켜주는 일이에요. 큰 기술은 필요 없어요. 힘 쓰는 거죠. 배가 크잖아요. 전선이 작은 것도 있지만 여러 사람이 달라붙어서 옮겨야 하는 것도 있고 종류도 많아요. 저희가 만드는 배가 고가다 보니까 가닥 수가 많아요. 전선이 하나가 아니라 여러 가지고 전선이 움직일 수 있는 길도 여러 갈래가 있어서 그걸 찾아서 해야 하는 거죠.

일거리 막 몰려서 공정이 쫓기니까 잔업이 많이 있었고 12시, 2시, 어떨 때는 더 많이 일할 때도 있었고, 야간(2교대)도 한 달 돌아간 적 있어요. 한 배에 이 공정 저 공정 막 몇천 명이 들어오니까 일이 안 되는 거예요. 그러니까 2교대를 돌리려고 했거든요. 다른 사람들은 낮에도 위험한데 밤에 한다고 하니 전부 싫다고 했어요. 저는 나이도 있는데 뭐 안 빼고 하겠다고 하니까 팀장이 잘 봐줬어요. 조장을 시켜주고요. 한 달 동안 저희 팀이 야간만 했어요. 보통은 4백만 원 가까이, 세금 몇 십만 원 떼면 3백 얼마 받을 거 같으면 그때는 야간 한 달 하고 백 몇십만 원을 더 받았지요. 야간 한 거 치고는 좀 그렇죠. 일에 만족은 안 되죠, 돈 벌러 왔다는 것밖에 안 되죠.

일단 시간에 쫓겨요. 공정이 바쁘니까 같이 해서는 안 되는 작업도, 혼선 작업하면 안 되는 것들도 같이 하게 되고요. 계획이 분명히 있을 텐데 안 지켜져요. 뒤죽박죽이에요. 말은 하지 마라 해놓고 일을 하게끔 유도하죠. 예를 들어 높은 데 올라가야 하는 일이 있으면 3미터 이상 되는 사다리가 있어야 한다 해놓고는, 3미터짜리 사다리가 없다고 하면 하지 말라면서도 '바쁜데, 바쁜데' '2미터 사다리로는 안 되나?' 해요. 억지로 할 수는 있죠. 말로는 위험하고 부당한 일은 거부하라고 하는데, 말로는 하지 말라고 하는데 우리가 '안 한다' 할 수는 없는 거죠.

이 사고는 크게 말하고 싶지 않아요

크레인 사고가 날 거라고 상상도 못했어요. 멍청한 사고라고 하잖아요. 있을 수 없는 사고가 났다고 하잖아요. 크레인이라는 게 큰 게 움직이면 작은 건 서게 돼 있고, 작은 게 움직이면 큰 게 기다렸다가 작업을 하게 돼 있거든요. 그리고 크레인이 엄청 빨리 움직이는 게 아니잖아요? 둘 다 천천히 움직이는 것들인데 이런 사고가 났다는 건 양쪽 기사 둘 다 안 봤다는 거지. 운전수가 양쪽에 있을 거고 밑에서 무전기로 이쪽은 괜찮니 안 괜찮니 장애물이 있니 없니 알려주는 신호수가 각각 있을 텐데, 그럼 최소 네 명인데 크레인 기사도 신호수도 몇 백 톤을 들고 사람 머리 위를 왔다 갔다 하는 일을 하는 사람들인데, 이런 사고가 나는 건 아주 심각한 거죠.

하면 안 되는 거죠. 근데 '관행이다', '어쩔 수 없다', '시간에 쫓기니까 언제까지 이 일 못 끝내면 손해가 된다' 하면서 압력을 넣죠. 삼성중공업에서는 밑으로 누르고 또 그 밑으로 누르고 하죠. 바보도 아니고 직접 시키지는 않겠지요. '해야 되는데' '오늘까지 끝내야 하는데' 이렇게 하면 밑의 사람은 안 잘리려면 어쩔 수 없이 해야 하고요. 사고 후에도 하청업체에서 삼성중공업 눈치를 본다는 느낌을 많이 받았어요. 웬만하면 없었던 일 비슷하게 하자는 분위기랄까.

삼성중공업은 진짜 문자 한 통, 전화고 지랄이고 아무것도 없었고, 노동부는 모르겠고, 노동조합은 무슨 일을 하는지도 모르겠고, 제가 잘 몰라서 그런지는 몰라도 거의 무관심하게 넘어간 거 같아요. '내 일 아니다' 그런 느낌이죠.

힘을 행사할 기관들, 국가 기관들이 안전에 대해서 관심을 더 가져야 할 것 같아요. 너무 또 지시로만 내려오면 몇 시간 이상 교육해라 뭐 해라, 결국 현장 노동자들이 힘들어요. 그런데 해법을 우리가 찾을 수는 없거든요. 머리 좋은 사람들이 찾아줘야지. 예방할 감독기관이 늘어나야 할 거 같아요. 한 군데 떠맡겨놓고 지시만 하지 말고, 지시만 하고 끝나지 말고, 진짜로 감독을 철저히 하면 좋겠어요. 일어나면 안 되는 일이니까, 일어나면 안 되는 일이니까.

이 사고는 크게 말하고 싶지 않아요. 좀 어둡고 그런 일이니까. 시간이 더 지나면 모르겠는데 사고를 당해보니까 내가 아무리 이야기해도 안 들을 것 같아요. 그래도 말을 해야 할 거 같아요…. 언젠가는 하긴 해야 할 거 같아요. 이런 사고가 있었다 말은 해야겠지요.

우리한테는 큰데, 모르는 사람들, 중공업 일 안 하는 외지 사람들에게는 이게 큰 사고가 아니거든요. 몇 명 죽었다 뉴스에 나오면 '위험하네' 그카고 끝이거든요. 근데 당장 거기서 일하는 사람에게는 사람이 죽고 하는 큰 사고잖아요. 사고가 아예 안 나게 할 수는 없을 것 같아요. 사람이 살다 보면 사고도 나고 실수도 할 수 있죠. 그래도 좀 덜 나게, 큰 사고 날 것을 작은 사고로 줄일 수 있게 자꾸 뭐라도 누구라도 해야 할 것 같아요. 계속 관심을 갖고 해야 할 것 같아요. 작게 나게 방법을 연구하고… 안 났으면 좋겠어요. 이제 이런 사고…. 안 날 거예요…. 정말 일어나기 힘든 사고였잖아요. 부딪힌다는 게….

이것 또한
내 운명인가요?

구술 박철희
글   박희정

허비된 골든아워

　제가 이 사고의 최초 신고자예요. 그날 사고 나자마자 바로 119에 신고했어요. 저는 동생과 함께 있다 사고를 당했어요. 여느 때처럼 휴게실 주변에 앉아 같이 담배를 피운 후에 제가 먼저 일어섰어요. 동생은 앉은 채로 작업 도면을 보고 있었고요. 쾅! 하는 소리가 들려서 하늘을 봤는데 크레인이 떨어지고 있었어요. 그걸 보고 옆으로 피했는데 크레인에 살짝 스쳤어요. 정신을 차리고 주위를 둘러보니 동생이 등 쪽에 피를 흘리며 쓰러져 있었어요.

　동생은 사고 발생한 지 거의 한 시간 만에야 응급실에 가게 됐어요. 구급차에 실리기까지 50분 가까이 걸렸죠. 신고는 바로 했지만 119 구조대가 현장에 빨리 오지 못했어요. 삼성에서는 작업장이 넓다 보니까 그랬다고 하지만 삼성중공업 안에도 자체 구조대가 있거든요. 사고 나고 5분쯤 후엔가 사내 구조대가 현장에 먼저 도착했어요. 여자분 하나하고 남자분 셋인가가 올라왔는데, 대처를 거의 못하더라고요. 보면서 너무 답답할 지경이었어요. 동생이 피를 많이 흘리고 있었거든요. 지혈 좀 해달라고 말했는데 제대로 해주는 사람이 없었어요. 현장에는 이미 돌아가신 분도 계셨고 중상자도 많이 있었어요. 저희가 일반 건물로 따지면 5층에서 7층 정도 높이에 있었거든요. 나중에 알게 됐지만 부상자들을 사고 낸 골리앗 크레인으로 밑으로 내렸대요. 크레인이 넘어진 건물이라 붕괴 위험성이 있어서 엘리베이터를 쓰기 어려웠다는 이유로요. 그렇게 한 사람씩 내리다 보니까 구조 시간이 너무 오래 걸린 거예요.

응급실에 도착하기 전까지 구급차 안에서, 아무래도 의식을 잃으면 안 좋을 거란 생각이 들어서 동생한테 계속 말을 걸었어요. 동생은 많이 아파했어요. 제가 해줄 수 있는 거라고는 '참아라, 곧 병원 가면 살 수 있다'는 말뿐이었어요. 병원으로 가는 도중에 제수씨에게도 연락했어요. 그때만 해도 제수씨가 내려와서 동생 수술하는 것만 봐주면 될 거로 생각했거든요. 크게 다치긴 했어도 죽을 거란 생각은 하지 않은 거죠.

병원으로 갔는데 거기도 그렇게 큰 사고에 대한 대비가 없었다는 생각이 들어요. 응급실 도착한 지 한 시간 후에 혈액이 모자란다며 부산으로 가라고 하더라고요. 그리고 한 시간 후에 심정지가 왔어요. 지금도 동생한테 미안한 게 뭐냐면, 제대로 된 수술 한번 해보지 못했다는 거. 그냥 응급실에서 처치만 받다 가게 했다는 거. 그게 제일 마음에 걸려요. 하늘나라 가는 그 순간에도 동생 몸에서 흘러나온 피가 침대에 흥건했어요. 부상이 컸기 때문에 동생이 유명을 달

　　　　　　　　　　　　　나, 조선소 노동자

리했겠지만 사고가 나고도 한동안 살아 있었던 사람이잖아요. 그런데 제가 병원까지 데려갔는데도 다시는 못 볼 사람이 되니까….

수술 들어가서 경과가 안 좋아서 그렇게 됐다면 조금이라도 위안이 되겠는데 그게 아니었으니까요. 큰 도시로 가야 했는데 헬기가 있었던 것도 아니고, 오도 가도 못하는 상황에 있다가 죽어버렸으니까요. 그게 너무 미안해요. 옆에 있었는데도 아무것도 못 해줬다는 생각이 들어서…. 초기에 대응을 조금만 빨리 했어도 제 동생만큼은 살지 않았을까…. 사내 구조대가 제대로 지혈해주고 빨리 병원에 갔다면 조금 다른 결과가 있었을지도 모르잖아요. 안타까움이 많이 들죠.

합의의 기술

사망자 여섯 분이 모두 장례식장에 모셔지고 나서 집마다 한 사람씩 나와서 유족 대표단이 꾸려졌어요. 정말, 대기업하고 합의를 한다는 과정이요, 얼마나 서글픈지 몰라요. 인간 이하의 대접을 받는다는 생각이 들어요. 협상하는 과정에 삼성 측에서는 전혀 나오지 않아요. 하청업체들끼리 꾸린 협의회가 있는데 그 사람들이 합의를 진행하죠. 이 사고가 사회적으로도 이슈가 됐잖아요. '삼성중공업'이라는 말이 언론에 안 나오게 하려고 그쪽에서는 빨리 합의를 마무리 지으려고 했어요. 사망자에 대한 합의만 끌어내면 삼성은 사고 책임에서 어느 정도 자유로워지니까요.

그러니까 별 수단을 다 쓰는 거예요. 우선은 개중에 가장 취약해 보이는 집부터 합의가 들어가요. 가족 간에 결속력이 약한 집들이요. 상속 지분을 가진 사람들한테 연락해서 '지금 합의 안 하면 합의금이 얼마가 줄어들고, 그러면 당신한테 떨어질 액수가 얼마 안 된다' 이런 식으로 합의를 종용하는 거예요. 돌아가신 분 중에 H기업(하청업체)에 소속된 사람이 둘이었어요. 제 동생하고 한 분이 더 계시는데 그분이 부모님하고 헤어져서 아내하고만 살았어요. 며느리가 얼굴 한번 못 본 시아버지가 갑자기 장례식장에 나타나서는 자기 지분을 주장하더라고요. 못 볼 꼴을 보였죠. 술 먹고 와서 며느리한테 막말하고 싸우고…. 별 사람이 다 있구나 싶더라고요. 그런 집들은 좀 일찍일찍 합의하고 가셨어요. 처음에는 여섯 가족이 함께 대처하다가 그렇게 먼저 합의 마친 가족 순으로 하나씩 떠났어요. 협의회에서도 그런 걸 바라는 거죠. 각개격파하면 편하게 합의할 수 있으니까요. 일하는 환경이 최악인 곳에서 노동자로 살아가시던 분들이 죽

나, 조선소 노동자

어서까지도 홀대받는 거 같아서 가슴이 너무 아팠어요.

처음에 합의 진행이 잘 안 되니까 협의회에서는 처음 제시했던 보상금보다 올려주겠다고 말을 바꾸더라고요. 사실 남은 가족들한테 돈이 중요한 상황이잖아요. 제 동생만 해도 아이들이 어리고 제수씨 혼자 아이들을 키워야 하니까요. 무엇보다 저는 동생이 냉동고에 있는 게 너무 싫었어요. 가족들이 '그래, 그냥 이 금액 정도에 합의하자' 그러고 합의 테이블에 들어갔죠. 그랬더니 저쪽에서는 다시 처음 제시했던 금액으로 돌아가서 말해요. 의도적으로요. 그게 '합의의 기술'인 거 같더라고요. 본인들은 손해 볼 거 없다는 마음이겠죠. 실질적으로 손해 볼 게 없거든요. 삼성은 보험 들어놓은 게 있잖아요. 이런 사고가 나서 합의를 해준다고 해도 삼성이 받는 보험금이 더 많다고 들었어요. 하청업체는 손해를 보겠죠. 그래서 하청업체들끼리 평소에 계 같은 걸 해요. 돈을 조금씩 모아두었다가 중대 사고가 나면 그 돈으로 합의하는 시스템이거든요.

두 가족인가 먼저 합의하고 나서 저희 형이 유가족 대표를 맡았어요. 그랬더니 협의회 사람들이 새벽 2시에 장례식장으로 찾아온 거예요. 그것도 술에 취해서요. 저희 고향이 목포거든요. 형은 중학교까지 거기서 나왔어요. 그러니까 어디 있는지도 몰랐던 '목포 향우회'를 데리고 온 거예요.

지연, 학연, 동원할 수 있는 건 다 동원하는 거죠. 사람을 정말 들었다 놨다 해요. 유가족들이 지치도록, 합의 안 하면 살아갈 수 없도록 만드는 것 같아요. 참담했죠. 이렇게까지 하는데 합의를 해줘야 하나, 과연 내가 죽었으면 내 아내는 어떤 대우를 받았을까.

합의가 안 되면 장례식을 치를 수가 없어요. 동생이 열흘 넘게 냉동고에 있는데 너무 마음이 아픈 거예요. 그렇게 죽은 것도 억울한데 죽어서도 냉동고에만 있잖아요. 군에서 의문사 당한 자식을 냉동고에 보관하고 계신 분들 이야기가 떠올랐어요. 그 마음을 잘 알겠더라고요. 그런 생각 때문에 어머니, 아버지, 제수씨가 승낙하는 합의 조건이 됐다고 해서 저도 동의하고 서울로 올라왔어요.

제가 동생 합의서 작성하러 제수씨랑 같이 갔었거든요. 합의서 작성할 때 삼성 법무팀에서 와요. 합의금을 주면서 단서 조항들이 따라붙는데 삼성 법무팀과 유족 대표하고만 들어가서 합의서에 사인하고 공증 받거든요. 그 자리에 나온 삼성 법무팀 과장이라는 사람이 저한테 딱 그러더라고요. '이제 그만하시죠. 동생 합의됐는데.' 제가 이 사고에 대해 언론하고 인터뷰를 많이 했을 때였어요. 그 사람들은 기본 사고방식이 그래요. 사람 목숨을 얼마간의 돈으로만 해결하려고 해요.

가장 억울하고 화나는 건 이거예요. 삼성에서 피해자들에게 사과라도 한 번 제대로 해야 하는 거 아닌가요? 언론에 고개를 숙이긴 했지만 유가족들에게는 사과한 적이 없어요. 박대영 (삼성중공업) 사장이 장례식장으로 한 번 찾아왔는데, 왕의 행차인 줄 알았어요. 임직원들을 줄줄이 데리고 호위 받으면서 들어왔어요. 우리 집을 제일 먼저 왔나 그랬을 거예요. 그리고 다른 집으로 가는 중에 좀 흥분한 유가족이 나오니까 바로 도망가버렸어요. 그게 어떻게 진정한 사과예요? 그때는 사건 초기고 당연히 유가족들이 흥분할 수밖에 없는 상황인데, 누군가 흥분했더라도 그분께 일단은 죄송하다고 했어야 하지 않나요?

이렇게 많은 분이 다치고 돌아가셨잖아요. 트라우마 치료 받는 분들은 일상생활도 못 하고 1년 넘는 시간을 허비하고 계세요. 그분들 연락처도 알 텐데 전화라도 해서 사과해야 하는 거 아닌가요? '그 사고에 대해서 마음 깊이 사과드립니다.' 그 말 한마디면 되거든요. 뭘 많이 바라는 거 아니에요. 돈을 억만금 준다고 제 동생이 살아오겠어요?

책임지는 사람은 어디 있나요

사고 당일에 식구들이 다 내려왔고, 형수가 제 걱정을 많이 했어요. 동생 사고 났을 때부터 사망 선고까지 다 지켜봤으니까 충격이 클 거라고요. 형수가 사회복지학을 전공했거든요. 복지서비스 쪽을 잘 아니까 저보고 정신건강센터 상담을 좀 해보라고 그랬어요. 동생 장례 치르고 서울 집으로 와서 강서구 보건소에 연락을 했어요. 상담사 한 분이 두 달 정도 매주 한 번씩 집으로 찾아오셔서 상담을 해주셨어요. 부부가 같이 상담을 받기도 했어요.

그때 마음이 많이 풀린 거 같아요. 그전에는 환영하고 환청이 아주 많았어요. 사고 당시의 처참했던 사람들 모습이 보이고 그 사람들이 저를 부르는 소리가 들렸어요. 혼자 있으면 막 그런 생각이 들거든요. 나도 4년제 대학 나와서 배울 만큼 배웠는데 어쩌다 이런 데까지 내려와서 이런 일을 당하나, 내가 능력이 부족하고 운이 없어서 내 옆에서 동생을 잃었나 보다, 그런 생각들을 때로는 한탄하듯이 상담사하고 이야기하다 보면 조금 풀리는 거 같더라고요. 상담하면서 조금 진정하게 되고 약물 치료도 받으니까 증상이 약간 호전되더라고요. 그렇게 했기 때문에 그나마 정신을 가지고 사는 거 같아요. 요즘은 약 먹으면 잠을 자긴 하는데 사고 겪은 지 얼마 안 됐을 때는 약을 먹어도 잘 수가 없었어요. 깜박 잠들었다가도 갑자기 일어나서 그대로 밤을 새우고 아예 2, 3일간 못 잘 때도 있었고요. 지금도 불면증이 심해요. 잠들고 싶은데도 밤이 되면 정신이 또렷해져요. 그래서 술에 의존도 하게 됐어요. 이거라도 먹으면 취해서 자겠지 싶어서.

상담사분이 보기에도 제가 트라우마 치료를 많이 받아야 할 것 같았나 봐요. 산재 신청을 해보라고 조언해주셨어요. 근로복지공단에 전화해서 물었더니 진단서 끊어서 보내달라고 하더라고요. 집 근방에는 전문의가 있는 큰 병원이 없어서 일산병원으로 갔어요. 2017년 5월 말쯤이었어요. 거기서 받은 검사 결과를 근로복지공단에 제출해서 산재 신청을 했어요. 공단에 소속된 의사분들 앞에 가서 다시 진단을 받았어요. 사고 직후에 크레인에 스치면서 생긴 외상 때문에 4주 정도 산재가 인정돼 있었거든요. 트라우마로 인한 산재는 거기에 이어서 추가 상병 처리했어요.

이 사고로 인한 트라우마로 산재를 승인 받은 건 제가 처음이었어요. 그나마 저는 가족 중에 관련 정보를 아는 사람이 있었으니까 일찍 이렇게 할 수 있었죠. 1년이 지나서야 트라우마로 산재 승인을 받으신 분들이 그동안 얼마나 힘드셨을까요. 하청업체, 삼성, 국가, 어디서도 조언 한마디 해주는 사람이 없었잖아요. 그게 너무나 부당하다고 생각해요. 그렇게 큰 사고가 났는데도 누구 하나 책임지는 사람이 없다는 게.

책임져야 할 사람들이 책임질 수 있게 만들어야죠. 법적으로 제약을 걸어놔야 기업들이 피해자들에게 사과도 하고 보상도 할 거 같아요. 그리고 이런 중대 사고에 국가적으로도 해결에 개입하는 시스템이 있어야 하지 않을까요? 정부에서 누군가가 나와서 피해자들에게 도움이 될 얘기를 해 줘야 하는데, 힘들게 일하는 시민단체 활동가들만 저희한테 도움을 주시는 거잖아요. 국가가 국민을 버린 거나 마찬가지 아닌가요?

휴업급여가 끊긴 날

병원에는 한 달에 두 번 정도 가요. 종합병원이라 상담 시간이 10분 정도에 불과해요. 거의 약만 처방 받아서 오는 거죠. 이 병원에서 진료 받아야 산재 처리를 계속 받을 수 있어서 다니는 것뿐이에요. 3개월마다 진료 계획서를 다시 끊어서 근로복지공단에 보내야 연장되거든요.

지금 다니는 병원에서 주치의가 한 번 바뀌었어요. 그분이 올해(2018년) 초에 저한테 취업하면 좋지 않겠냐고 말씀하시더라고요. 일반적인 생활을 하면서 치료를 받는 게 치료 효과가 더 좋다고요. 실은 그즈음에 저도 취업을 해야 하지 않을까 싶어서 면접을 한두 군데 봤었어요. 유통업 쪽에 갔었죠. 제가 지금 할 수 있는 건 운전일 거 같아서요. 그런데 안 되겠더라고요. 잠 못 자는 날은 아침에 너무 힘드니까 출근 시간을 지킬 자신도 없고요. 또 치료 받으려고 2주에 한 번씩 일을 쉰다는 거 자체도 지금 직장 문화에서는 통용이 안 되잖아요? 산재 받는 사람에 대해서 사업주들이 거부감도 크게 가지고요. '일 쉬는 동안 뭘 하셨어요?' 물어보면 숨길 수가 없잖아요. 그런 상황을 주치의에게 말했죠.

그런데 그분은 근로복지공단에 보낼 진료계획서에 '취업 가능'이라고 체크를 해주셨어요. 근로복지공단에서는 그것만 보니까 제가 취업할 수 있다고 생각하잖아요. 그렇게 되면 휴업급여가 한 달분 다 나오는 게 아니라 제가 병원에 가는 날 하루 치 일당만 나와요. 그나마 나오던 얼마 안 되는 돈도 끊긴 셈이니까 너무 힘들더라고요. 왜 내가 이런 사고를 당했나, 나를 2017년 5월 1일 이전으로 돌려줄 수만 있다면 돈이고 뭐고 다 필요 없는데…, 그런 생각들로 머릿속이 복잡해지면서 트라우마 증세도 심해졌죠. 짜증이 많이 났죠. 나라에 대해서, 이 체제에 대해서요. 제가 갑작스럽게 화도 많이 내더라고요. 별것 아닌 일에도요. 애들에게도 평소 같으면 그냥 넘어갈 수 있는 잘못인데 버럭버럭 화를 냈어요. 다스리려고 하는데도 잘 안 돼요. 답답하죠. 제가 이렇게 감정을 막 드러내는 사람이 아니었거든요. 그래서 주치의 선생님께 다시 말씀을 드려서 제 상황을 설명했어요. 제가 정말 나았다면 원 직장으로 복귀해야 하는데, 제가 삼성중공업에 다시 갈 수 있는 상태는 아니지 않냐고요. 그건 자기도 인정한다고 하더라고요. 다시 진단서를 끊어주셨어요. 휴업급여를 2월부터 못 받았는데 5월에 이의신청이 받아들여져서 다시 받을 수 있게 됐어요. 다행히 못 받은 3개월 치는 소급 적용되더라고요.

산재보험에서 나오는 휴업급여가 언제 끊길지 모르니까 불안하죠. 그 돈이라도 있어서 가족들이랑 생활이 되는데 그 돈마저 끊긴 상황에서 취업도 못 나간다면 어떻게 되나… 조급해져요. 빨리 나가서 뭐라도 해야겠다는 생각밖에 없어요. 사회에 다시 적응해야 할 거 같아서 운동을 조금씩 하고 있는데 몸은 자꾸 나태해져요. 일에 쉽게 적응도 안 되고 자신도 없어요. 과연 내가 무슨 일을 할 수 있을까 불안감도 많이 들고요. 내가 갑자기 잘못되면 우리 와이프는 애들하고 어떻게 살까 싶고. 이런 상황이 우울증에 한몫하는 거 같아요. 집사람이 많이 이해해주고 도와줘서 그래도 이

　　　　　　　　　　　　　나. 조선소 노동자

만큼 견뎌내는 거 같아요. 밤중에 갑자기 제가 깬다든가 하면 자기도 잠 못 자고 달래주려고 하고, 항상 제 상태에 대해서 이해를 먼저 해주는 편이죠. '당신이 이겨내야 우리가 살아갈 수 있으니까, 마음 굳건하게 하고 이겨내자' '우리한테는 당신이 있어야 한다' 그런 말이 위안도 되고 책임감도 느끼게 해요.

빨리 나아서 정상적인 삶으로 다시 돌아가고 싶어요. 아빠로서 돈을 벌어오던 모습으로요. 아침에 출근하고 저녁에 퇴근하던 때로요. 초등학생인 아들 둘도 제 걱정을 해요. 엄마한테 그렇게 말해요. '텔레비전에서 사고 소식이 나오면 그걸 보고 아빠가 울고 있으면 어떡하지.' 그런 모습을 덜 보여주면 좋겠어요. 제가 갑자기 식구들 앞에서 울거나 그러지 않았으면 해요.

우리는 형제이자 친구였어요

저는 사고 나기 전 해인 2016년 11월에 거제도로 내려갔어요. 내려간 지 얼마 안 돼 사고가 난 거죠. 제 동생 성우는 저보다 3년 정도 먼저 내려갔어요. 성우가 직장을 다니다가 퇴사하고 자기 사업을 해보려다가 잘 안 됐어요. 먹고살아야 하니까 이 일 저 일 찾아서 하던 중에 친구가 조선소 일을 소개한 거죠. 그 친구는 그쪽에서 자리를 잡고 있었거든요. 친구가 경험 쌓는 차원에서 몇 년만 고생하면 나중에 자기가 좀 더 좋은 자리로 끌어주겠다 해서 내려가게 됐죠.

동생과 저는 형제이자 친구였어요. 호적에는 연년생으로 나오는데 실제로는 두 살 터울이에요. 저는 1971년생, 동생은 1973년생. 어릴 때는 동생하고 같이 지낸 시간이 별로 없었는데 큰형이 1998년에 결혼해서 독립하니까 집에 동생하고 저, 둘만 있을 때가 많았어요. 방도 같이 썼고요. 술도 한 잔 기울일 나이가 되니까 술 마시면서 서로 이야기를 많이 나눴죠.

2000년 지나고 성우가 일하던 대형 마트에서 정육 코너를 맡을 직원을 구하게 돼서 저를 거기 소개해줬어요. 같은 회사에서 일하니 이야기할 기회도 더 많았죠. 그때 진짜 많이 친해진 거 같아요. 서로의 친구들하고도 자주 만나서 동생 친구를 제가 다 알고 동생도 제 친구들을 다 알죠. 저는 정육 코너에서 일하다가 근무 조건이 안 맞아서 1년 좀 안 돼서 그만뒀어요. 성우는 그 마트에서 10년 넘게 근무했고요. 일식 조리사 자격증을 따서 회 코너에 실장으로 있었어요. 제수씨하고 사내 커플로 만나서 결혼했어요. 그런데 회사에서는 둘이 같은 지점에 있을 수 없다더라고요. 그래서 제수씨가 다른 곳으로 전근을 했는데 거기서 스트레스가 심했어요. 그래서인지 아이가 생기지 않아 걱정했죠. 그 시기에 회사에서 직원을 많이 정리할 거라는 소식이 들렸어요. 계속 일할 수 있을까 동생이 불안해할 때 마침 성우가 지인에게 해외에서 일해보자는 제안을 받았어요. 그렇게 부부가 함께 퇴사하고 필리핀에 들어갔는데 일이 생각처럼 안 풀려서 1년 정도 있다가 다시 들어오게 됐어요. 돌아와서는 지방 소규모 마트 체인 업체에서 몇 년 일하다가 지점 한 군데에 생선 코너를 분양 받았죠. 저도 거기서 같이 일했어요. 그때 동생하고 저하고는 거의 부부나 다름없이 붙어 지냈어요. 물론 삼성중공업에서 일할 땐 더했고요.

성우는 참 남자다운 사람이었어요. 흔히 말하는 남자에 대한 고정된 인식이 있잖아요. 몸도 다부지고, 힘도 좋고, 무슨 일이든 잘하고, 술도 잘 마시고요. 말 없는 보스 타입이라고 할까요. 주변에 친구도 많았고 그 친구들과 다 잘 지냈고요. 말이 많거나 살가운 성격은 아니거든요. 말은 좀 거칠어요. 누구를 챙겨주는 말은 안 하는데 실제로는 거둬 먹이고 있죠. 요즘 말하는 '츤데레'였어요. 그래서 성우를 따르는 동생들이 굉장히 많았죠.

동생은 일찌감치 대학을 안 가겠다고 했어요. 학업에는 별로 뜻이 없었거든요. 대학을 안 간다고 했을 때 부모님이 많이 걱정하셨는데 동생이 워낙 열심히 직장 다니면서 착실히 저축도 하고 살아가니까 걱정을 놓으시더라고요. 술 좋아하고 친구도 좋아했는데 아무리 늦게까지 술 마셔도 출근 시간만은 지켰어요. 그게 다 부모님 성격을 이어받아 그런 거 같아요. 제 기억 속에 남겨진 어머니 아버지는 늘 일하시는 모습이었어요. 평생을 저희를 위해 일만 하며 살아오셨죠. 자식들한테 폐 안 끼치시겠다고 지금도 일을 안 그만두세요. 3형제가 보고 배운 게 그거라 아내와 자식들을 위해서는 최선을 다해서 성실히 살아왔죠.

조선소는 건설 현장보다 위험해 보였어요

그렇게 듬직한 동생이었어도 멀리 거제까지 가 있을 때는 혼자 어떻게 지내는지 걱정스럽더라고요. 전화를 자주 했죠. 그때 저는 택배 일을 하고 있었어요. 택배는 밥을 거르고 일할 때가 많아요. 제대로 먹지도 못하고 온종일 뛰어다니니까 몸이 마르더라고요. 지금보다 15킬로나 덜 나갔었죠. 딱 30개월 일하고 허리를 다쳐서 한동안 쉬고 있는데 성우한테 전화가 왔어요. '형, 그렇게 밥 굶고 다니지 말고 조선소로 와. 여기 오면 힘들긴 해도 밥 세 끼는 먹여주니까.

그렇게 해서 돈 좀 모으고 나중에 좋은 위치로 올라가면 힘들지 않은 일해도 되니까, 한번 내려와봐.'

동생 말을 듣고 신체검사 받으러 거제도에 하루 다녀왔는데 정말 고민되더라고요. 식구들하고 멀리 떨어져서 일해야 한다니 많이 망설였죠. 갈까, 말까, 갈까, 말까 그러고 있는데 동생이 합격했으니까 교육 받으라고 연락을 줬어요. 그래, 가자, 동생이 같이 있으니까 해야겠다, 그냥 그렇게 생각하고 내려갔어요. 삼성중공업에 처음 도착했을 때 되게 넓은 데서 일을 하고 있구나 하는 생각이 먼저 들더라고요. 제가 제대하고 등록금 마련하느라 건설 현장에서 일용직으로 1년 넘게 일했거든요. 그런 곳과는 많이 다르더라고요. 모듈 만드는 일이 빌딩 짓는 것보다 작업 환경이 더 안 좋더라고요. 그렇지만 일이 힘들다고 해서 못 따라가지는 않을 거라고 생각했어요.

성우는 결선 작업을 했는데 금방 일을 배워서 실력을 인정받고 있었어요. 그래도 우리 집 식구들이 이런 재주가 좀 있구나, 뿌듯한 마음이 들어 좋았죠. 저도 성우와 같은 일을 했어요. 기술 면에서 저보다 동생이 훨씬 뛰어났고 직장인으로서도 동생이 선배니까 제가 배워야 하는 처지였어요. 동생이 시키는 대로 따르는 게 맞다고 생각해서 그렇게 했죠. 형제다 보니까 챙겨주려는 마음도 내게 되었고요.

성우가 항상 크레인 곁을 지나갈 때는 조심하라고 말해줬어요. 옆에 지나갈 때면 주의해서 보고 피할 수 있으면 피해서 가라고요. 항상 크레인에서 사고가 자주 난다고. 그리고 작업 환경이 너무 위험하면 일하지 말라고도 했죠. 사고 나면 나만 손해니까요. 동생은 이미 일에 숙달되어 있어서 조금 위험한 일이 있으면 저를 시키지 않고 자기가 직접 했어요. 안전하게 하려고 많이 조심하는 편이었죠.

동생하고 저하고는 잔업이나 휴일 근무 있다 그러면 1번으로 신청했어요. 반장이 '오늘 야근하실 분?' 이러면 저희는 손도 안 들었어요. 무조건 일하는 사람들로 인식되어 있으니까요. 오래 일해야 돈이 많이 생기잖아요. 물론 힘들었죠. 그런데 저나 동생이나 가족들하고 헤어져서 그 멀리까지 가서 일하고 있는데 쉬고 자시고 해봐야 돈만 쓸 뿐이라는 생각이 있었어요. 일 나가면 점심값도 해결되잖아요. 그 정도는 일해야 생활비 주고 저축이라도 할 수 있다고 생각했어요. 사고 당일도 둘이 '야, 오늘 다섯 시면 퇴근한다'면서 마냥 좋아만 했어요. 노동자의 날에 노동자가 쉬지도 못한다는 생각 같은 것도 못 했죠.

나, 조선소 노동자

제가 가진 건 진실뿐이에요

사고 난 지 1년이 지났는데도 매일같이 포털사이트에 접속해 관련 뉴스를 찾아봐요. 동생이 가고 난 뒤에 보니까 3형제가 같이 찍은 사진이 없더라고요. 어떤 인터뷰에서 기자분이 동생 사진 있냐고 물어보셨는데 제가 그, 사고 났던 현장 사진… 이거밖에 없다고, 저도 동생 생각날 때면 이 사진을 보고 있다고 말씀드렸거든요. 머릿속에는 동생을 추억할 게 많은데 그 추억을 되살릴 무언가를 가지고 있는 게 없어서, 그래서 더 그런 거 같아요. 동생하고 저하고는 너무 각별했고 아직도 성우를 잃었다는 게 인정은 안 되니까요.

한편으로는 혹시라도 삼성이 사과하겠다는 소식이 나오지 않을까 하는 기대감에서도 찾아보는 거죠. 더 이상 새 기사는 없어요. 세상에서 잊혀지는 거 같더라고요. 성우는 이제 제 마음속에만 있는 거 같아요. 사람이 역지사지라는 게 어렵잖아요. 시간이 가면 잊혀지는 게 어찌 보면 당연한 건데… 제가 당사자다 보니까 조금 아쉽죠.

사고 이후에는 비슷하게 아픈 상황을 보면 꼭 제가 당하는 것처럼 느껴져요. 감정의 전이가 많이 되는 거 같아요. 솔직히 전에는 세월호에 관한 관심도 좀 적었어요. 내 가족 먹여 살리느라 바빴으니까요. 뉴스야 봤지만 그분들 마음을 깊이 이해하지 못했죠. 내가 당하고 보니까 다 이해되죠. 나 같은 상황에 있는 사람들이 분명히 있을 텐데 그 사람들이 외롭게 있을 거라는 생각이 들어 안타까워요. 그런 사람을 위해서 말 한마디라도 건네줄 수 있는 사람이 될 수 있으면 좋겠어요. 저에게 그런 사람이 필요하니까요.

사고 이후에 언론과 인터뷰를 많이 했어요. 가장 큰 이유는 억울해서였겠죠. 다른 분들은 인터뷰하실 수 없는 상황이기도 했고요. 유족들은 합의서에 언론과 인터뷰하지 말라는 조항이 있는 거로 알아요. 그런데 저는 유족이지만 부상자이기도 하니까요. 당시에 '중대재해기업처벌법'*도 막 국회에 상정이 되었을 때라 그것만이라도 통과될 수 있게 돕고 싶었어요.

언론에 실망 많이 했어요. 제가 인터뷰에 응할 때는 하고자 하는 말이 있는 거잖아요? 그런데 막상 기사나 방송이 나온 걸 보면 중요한 건 다 빠지고 가십거리처럼 나오는 것 같았어요. 사고 초기에는 형제가 사고를 당했다는 사실에만 치중해서 저희 이야기가 언론에 나왔거든요. 인터뷰할 때마다 제가 항상 마지막에 한 말은 '삼성에게 사과를 받고 싶

---

* 산업안전보건법에서 말하는 중대재해란 사망자가 1인 이상 발생한 재해 또는 3개월 이상의 요양을 요하는 부상자가 동시에 2인 이상 발생한 재해, 부상자 또는 직업성 질병자가 동시에 10인 이상 발생한 재해를 가리킨다.

나, 조선소 노동자

다'였어요. 그 말이 인용된 기사는 별로 없는 거 같아요.

인터뷰할 때마다 웃으려고 노력을 많이 했어요. 안 좋은 상황을 얘기해야 하지만 그렇다고 제가 울면 안 될 것 같았어요. 물론 인터뷰 중에 감정이 차올라 눈물 흘린 것도 있지만요. 정확하게 사실 그대로만 이야기하고 싶었어요. 감정적으로 전달하는 것처럼 보이지 않기를 바랐어요. 사고 당시를 기억하는 인터뷰를 하면 많이 힘들죠. 아내는 인터뷰 같은 거 하지 말라고 하는데 저는 확답 못 하겠다고 했어요. 힘들지만 해야 할 상황이라면 해야 하지 않겠나 하는 생각이 들어요. 사고 난 이후 제가 가장 감동했던 때가 세월호 부모님들께서 자식 잃은 아픔 속에서도 계속 말씀하시는 걸 봤을 때예요. 그런 분들 보면서 저도 용기를 가져요. 언젠가는 우리나라에서도 중대재해기업처벌법 같은 게 통과될 날이 오겠죠. 그러니 기록을 남겨야죠. 저는 살아 있으니까요. 그 사고를 겪었고 진실을 알고 있으니까요. 제가 가진 거라고는 그것뿐이니까요. 불쌍한 제 동생의 인생이 이렇게 기록으로라도 남았으면 하는 바람이에요.

올해 1주기에 KBS 9시 뉴스에서 이 사건을 다뤘어요. 그때 KBS에서 삼성 측한테 문의했다는데 삼성은 일하는 사람들에게 한 번에 20분씩 휴식 시간을 줬다고 하더라고요. 절대 아니거든요. 저희가 오전 10시에 10분, 오후 3시에 10분씩 쉬었어요. 그 시간에 화장실을 다녀오는데 6층짜리 모듈에 화장실이 3층에 하나 있어요. 그러니까 사람이 많을 때는 휴식 시간 10분 내내 기다리기만 하는 거죠. 그런 상황이었는데도 삼성은 언론에다가는 화장실을 많이 만들어놓았다고 하죠. 정수기도 한 대 없어서 마실 물조차 자기가 다 챙겨서 다녀야 하는 상황이었는데도 KBS에는 절대 그렇지 않았다고 말하더라고요.

사고 나기 두어 달쯤 전인 2월에 발목을 다친 일이 있었어요. 발판 위에서 작업하다가 바닥으로 뛰어내렸는데 바닥이 울퉁불퉁해서 접질린 거죠. 걷지 못할 정도여서 2주쯤 일을 못 했어요. 회사에서는 3일 정도의 일당만 주고 나머지는 그냥 쉬는 거로 처리했어요. 그래서 서울 올라와서 입원해서 치료 받고 다시 내려갔죠. 그때는 3일분 급여라도 주니까 다행이라고 생각했죠. 일반적으로 근로자들이 산재를 받겠다고 하면 그 회사를 안 다니겠다는 소리나 마찬가지예요. 속으로 내가 운이 없어서 다쳤나 보다 그렇게 생각하고 넘어갔죠.

현장에 안전감독관들이 굉장히 많아요. 안전교육도 많이 하는 편이고요. 그런데 현장은 안전을 지키면서 일할 수 있는 상황이 아니에요. 예를 들어서 고소(높은 곳) 작업할 때는 항상 발판이 있어야 한다고 강조해요. 그런데 천장에 등을 하나 달려고 하는데 너무 높아서 발판을 여러 개 만들어야 할 때가 있어요. 그럼 발판 만드는 작업공을 불러와야 하는데, 그분들도 바쁘니까 제가 원할 때 딱 만들어줄 수 있는 상황이 아니거든요. 그럼 위험하지만 어쩔 수 없이 허공에 매달려서 작업해야 하는 경우가 생겨요.

이 사고 있기 직전에는 그나마 평소에 지키던 안전선까지도 완전히 무너졌던 거 같아요. 4월에는 저희가 일하던 마틴링게 모듈 옆에 또 다른 배가 들어왔어요. 얼른 작업을 마치고 그 작업을 또 시작해야 하는 거죠. 그런데 6월에 나가야 하는 배가 전체 공정이 80퍼센트도 진행이 안 되니 다급해진 거죠. 거기서 일하던 사람들은 다들 이거 도저히 6월에 못 나가는 배다 그랬거든요. 삼성은 무조건 내보내야 한다고 했어요. 공기 못 맞추면 손해가 크니까요. 삼성에서는 혼재 작업 절대 안 했다 그러는데 일했던 사람들은 다 알아요. 혼재 작업 정말 많이 했어요. 안전감독관들도 그냥 넘어갔죠. 삼성 눈치를 보는 거예요. 다 계약직이라 재계약해야 일을 계속할 수 있잖아요. 그렇게 서두르다 사고가 났고, 결국 마틴링게는 올해에야 나간 거로 알고 있어요. 원래 예정일보다 1년 이상 더 걸렸죠.

평범한 자들의 운명

　제 고향은 전라남도 목포인데 제가 중학교 입학할 무렵 가족이 서울로 이주했어요. 중학교 가서도 전학을 몇 번 해가지고 친구가 별로 없었죠. 그래서 동생이랑 더 친해진 거 같아요. 제가 고등학교 1학년 때 집안 형편이 정말 어려웠어요. 아버지가 하시던 일들이 잘 안 됐거든요. 서울 대방동 쪽에 살다가 경기도 고양시로 이사를 했어요. 전학을 해야 하는데 부모님이 고등학교까지는 다니던 데 다니라고 그러셔서 집에서 학교까지 버스 타고 한 시간 반 정도 걸려서 다녔어요.

　고등학교 입학하고 얼마 있다가 학교에서 어느 정도 성적되는 애들만 따로 모아서 돈을 내고 특별수업을 듣도록 했어요. 그런데 제가 안 하겠다고 했어요. 집에 돈이 없으니까 부모님을 걱정해서 그랬죠. 제가 관두고 나오니까 다른 애들도 줄줄이 안 하겠다고 해서 아예 그 수업 자체가 없어져버렸어요. 그래서 담임 선생님께 미움을 좀 받았죠. 자식들 다 크고 나서 가족끼리 술 한잔하는데 아버지가 그러시더라고요. '쟤는 내가 조금만 신경을 써줬으면 더 나은 대학에 가서 편안하게 살았을 텐데 그때 도움을 못 줘서 지금 이렇게 어렵게 사는 것 같다.' 눈물도 비치시더라고요. 저는 그

건 아니라고, 내 운명이니까 이렇게 사는 거지 아버지 때문이 아니라고, 그런 생각 하지 마시라고 말씀드렸죠.

삼수 끝에 대학에 들어갔고, 졸업하고 제일 먼저 간 직장은 공중전화주식회사라는 곳이에요. KT 자회사였죠. 대학에 있을 때 교수님들 모시고 일을 많이 했어요. 그래서 학과장님이 저 졸업할 때 고생했다고 제일 좋은 회사로 추천해주셨어요. 거기서 인턴으로 6개월 근무를 했는데 마침 IMF로 인원 감축을 엄청 많이 하던 때라 6개월 근무 기간이 끝났는데 사장님이 미안하다고, 이번 인턴들은 정식 발령 못 내준다고 하더라고요. 사회생활 첫 장부터 꼬여서 그런지 그다음부터 계속 이 일 저 일 많이 옮겨 다니게 됐어요.

전 그냥 평범한 사람이에요. 직장을 자주 옮기긴 했어도 이직할 때마다 며칠 이상 놀아본 적이 없어요. 어떤 일이라도 할 수 있다는 자신감이 있었어요. 항상 제 식구들은 제가 먹여 살려야 된다고 생각했어요. 그건 성우도 마찬가지였고요. 그래서… 우리가 그런 사고를 당한 거 같아요. 그날이 휴일이니까 쉬어도 됐는데… 그 애가… 소띠거든요. 평생 소처럼 일만 하다가 저세상에 간 거 같아요. 열심히 일만 하다가. 돈이 중요해서 그렇게 돈을 벌고 살아왔는데 이렇게 동생이 가고 나니까, 돌이켜보니 다 쓸데없는 일이었다는 생각이 들어요.

슬픔과 슬픔의 시간

저는 살면서 제 어머니만큼 강인한 사람을 못 봤어요. 정말 대장부란 말이 어울리는 사람이에요. 아버지는 조용한 성격인데 어머니는 외향적이고 거칠 것 없는 사람이죠. 그런데 이번 사고 이후로 '약한 게 엄마구나'라는 생각이 들었어요. 어머니가 현실을 가장 못 받아들이는 거 같아요. 나이가 많으신데다가 막내아들을 잃으셨으니까요. 어머니는 예전에는 가족들에게 살가운 표현을 잘 안 하셨거든요. 손주들이 와도 '어, 왔니?'이 정도셨어요. 지금은 그랬던 게 너무 안타깝다고 하시더라고요. 그래서 손주들 오면 안아주시고 볼 뽀뽀라도 한 번씩 해주시죠.

사고 있기 2주 전에 동생이 방콕하고 파타야로 가족여행을 다녀왔어요. 일하는 날을 그렇게 많이 비우는 애가 아닌데 그때는 동생이 특별히 시간을 냈어요. 식구들하고 떨어져 지내는데다가 아직 어린 아이들한테 좋은 추억을 남겨주고 싶었나 봐요. 갔다 오더니 너무 좋았대요. 동생을 사고로 보내고 정신없이 지내다가 6월이 됐는데 마침 동생이 갔던 거랑 같은 패키지 여행 광고가 눈에 띄더라고요. 가보고 싶다는 생각이 들어서 와이프하고 아이들 데리고 다녀왔어요. 동생이 갔던 코스대로 가본 건데 가는 곳마다 여기에서는 동생이 이렇게 하고 있었겠구나 생각했죠.

동생이 여행 가서 며칠 결근하니까 그달 급여가 많이 줄었잖아요? 그것 때문에라도 5월 1일에 일을 한 거죠. 물론 그런 거 아니었더라도 일했을 테지만. 그때 동생하고 그런 말을 했거든요. '우리 너무 쉬었다. 이거 만회해야 하는데 이번에 징검다리 휴일이어도 일하자.' 그런 아쉬움 때문에 동생이 갔던 곳을 따라 여행을 간 거 같아요.

동생이 조선소 일을 하고서 생각했던 거와는 다르게 그 안에서 좀 더 나은 일로 빨리 전환하기가 힘들었어요. 그래서 다른 일을 해볼까 하는 생각도 있던 때였죠. 여행 다녀오고 나서 동생이 아는 형한테 전화를 받았어요. 괜찮은 일이 있는데 거기서 고생하지 말고 한번 올라와서 얘기 좀 들어보라고. 동생은 그 형 만날 생각을 하고 있었거든요. 아쉽죠. 혹시라도 그 일이 빨리 진척돼서 삼성중공업을 벗어났으면 이런 사고를 안 당했을 텐데, 일이 잘 풀려서 동생이 살았더라면 얼마나 좋을까요.

왜… 그때 크레인이 넘어질 그 자리에 우리가 앉아 있었을까요. 그냥 혼자 상상해보는 거지만 그날 아침 알람이 안 울렸으면, 울렸더라도 둘 다 일어나지 않아서 결근했더라면 어땠을까. 그날 일어나서 내가 '피곤한데 오늘 하루만 쉬자' 이렇게 말했더라면 어땠을까. 징검다리 휴일이었으니까 가까운 울산에 동생 친구라도 만나러 갔다면 사고에서 벗어날 수 있지 않았을까. 알아요. 그냥, 그냥, 제 바람이죠. 돌이킬 수 없는 일인 건 아는데… 그 상황을 모면할 방법이 있지 않았을까 싶으니까요. 그런 생각이 자꾸만 들어요.

　동생의 세 아이에게 정신적 충격이 너무 컸죠. 걔들이 나이 먹고 아빠라는 존재가 꼭 필요한 때가 있을 텐데 빈자리가 있는 거 자체가 큰 피해라고 생각해요. 제수씨가 잘하고 있으니까 그나마 위안이 돼요. 굳건하게 이겨내고 있으니까 다행은 다행인데… 명절에 식구들 다 모였을 때가 참 힘들죠. 빈자리가 눈에 띄니까요. 이제 금방 추석이 오는데, 추석 지나고 설이 되면 해가 또 바뀌겠죠. 사람들 만날 때 '저는 몇 년생이고 몇 살이에요' 이렇게 소개하잖아요? 그러다 문득 동생은 마흔다섯 살로 멈췄구나, 그런 생각이 들었어요. '나한테 동생은 영원한 마흔다섯 살이구나.' 내가 팔십이 돼도 동생은 여전히 마흔다섯이겠지요.

　　　　　　　　　　　　　　　　　　　　나, 조선소 노동자

산재 처리,
이게 할 짓이 아니드라구요

구술 신영호(가명)

기록 한채민, 이은주

글   한채민

이제 뭐 해 먹고 사노, 그 생각만 드는 거라

그때 내가 왜 다쳤는지 기억은 잘 없어요. 사고 막 터지고는 제가 다친 줄 몰랐어요. 다친 줄도 모르고 통증도 없고 그랬어요. 사고 당시에 모듈 자체가 공기가 얼마 안 남아서 엄청 바빴거든요. 그래서 울산에 있다가 (거제로) 밤에 올라갔어요. 사고 당일날 반장이 휴일이니까 너무 빡세게 하지 말고 슬금슬금 해라 이런 식으로 얘기하고. 2시 반쯤인가 사고 난 장소가 우리 업체 자재 적치하는 데라서 자재 가지러 갔는데, 앞에 뭐 넘어지는 거 보고 무조건 반대쪽으로 달렸어요. 큰 거 하나가 앞으로 먼저 쾅 하고 떨어지니까 사람들이 뒤에서 고함을 지르더라구요. 순간적으로 나는 무조건 반대쪽으로 뛰었는데 제 앞으로인지 옆으로인지 와이어가 뱀처럼 훅 지나가드라구요.

막 아수라장되고 사고 현장에 관리자들이 와서 전부 하선하라고 소리를 지르드라구요. 사고 현장 자체를 최대한 사람들에게 안 보여줄라고 무조건 다 내려가라고 하선하라고 하니까 나도 하선해야겠다 싶었죠. 그런데 갑자기 그때부터 발목에 통증이 막 오드라구요. 계단을 내려가야 하는데 도저히 혼자서 못 내려가겠어서 반장님한테 전화를 했죠. 그때까지도 어디에 살짝 부딪혀가 긁힌 정도로만 생각하고 반장님한테 전화해서 내 지금 발이 너무 아픈데 혼자 도저히 못 내려가겠다, 나도 다친 거 같은데 혼자서는 계단으로 못 내려갈 거 같다 하니까 반장님이 뛰어오드라구요. 반장님이 나를 부축해서 계단으로는 안 될 거 같으니까 사고 현장 맞은편에 엘리베이터로 갔어요. 그런데 사고 현장 주위니까 접근을 못 하게 하드라구요. 반장님이 '얘도 다친 환자라서 수송해야 된다. 엘리베이터 타야 된다' 해서 엘리베이터 타고 내려와서 발 상태를 보니까 막 부어오르드라구요. 업체 소장인가 하는 사람이 와서 보드만 골절인 거 같다고, 일단 병원에 수송하라고 해서 앰브란스까지 갔어요. 그런데 구급대원인지 높은 사람인지가 그러드라구요. 저 사람보다 더 응급 환자가 많으니까 아직 싣지 마라고. 저 부축했던 구조대원은 무조건 가야 된다고 그러고. 둘이서 실랑이를 하다 결국은 태워서 제가 제일 먼저 병원에 도착했어요. 저 도착하고 나서도 계속 실려 들어오드라구요.

입원실이 없다고 해서 주사실에서 하룻밤 자고 수술 받고 2인실인가 들어갔어요. 수술은 살면서 처음이었는데 금방 끝나는 거 같드라구요. 수술 받고 의사가 그래요. '한 6개월 동안은 일도 못하고, 걷지도 못하고, 휠체어 타고 그래야 될 수도 있다.' 그 말을 들으니까 딱 머릿속에 처음 드는 생각이 '그럼 6개월 동안 일 못 하는 거가? 그람 뭐 먹고 사노? 와이프한테는 뭐라고 이야기해야 되노?' 사고 나고 1년 동안 그 때가 제일 두렵고 힘들었어요. 진짜 가슴이 철렁하드라구요. 산재 이런 거는 생각도 못 하고 '당장 뭐 먹고 살아야 되노?' 이런 생각밖에 안 들더라구요.

5월 1일날 입원해가지고 퇴원을 6월 10일날 했으니까 한 달 좀 넘게 병원에 있었나? 퇴원 날짜가 나왔길래 담당 의 사한테 물었어요. '내 아직 걷는 것도 너무 힘들고 불편한데 다 집도 빌라라 엘리베이터도 없어서 휠체어 타고 왔다 갔다 하기 어려운데 입원을 더 연장해주면 안 되나.' 주치의가 구체적인 얘기는 안 하고 기간을 최대한 많이 봐준 거라고 더 이상 입원은 안 된다데요. 산재도 입원 기간이 있는 모양 이드라구요. 그런데 나중에 알아보니 요양 기간은 의사 소 견에 따라 정해지는 건데 병원은 공단으로, 공단은 병원으 로 책임을 떠넘긴 거드라구요. 병원에 있는 동안 산재 승인 이 바로 안 났거든요. 회사에 물어보니 그날 다친 사람이 워 낙 많아서 한목에 모아서 처리하다 보니 시간이 걸린다 하 드라구요. 병원에서는 최대한 많이 봐줬다 카고 의사는 나 가라 카는데 어쩔 수 있나, 버티고 있을 수도 없고. 거제도 에서는 할 수 있는 게 없고 통원 치료를 하라 카니 답답하 지. 좀 일찍 알아봤으면 됐는데. 진짜 농담 아니고 '산재 기 간이 언제부터 언제까지 승인되었습니다' 아니면 '산재 급여가 오늘 입금됩니다' 이런 문자나 날라오고 다른 거는 일체 없으니까 신청 기간이 늦어서 거제 병원에서 퇴원한 상태에서는 입원 치료가 또 안 된다고 하드라구요.

같이 일했던 형님 중에 조선소 오기 전에 병원 원무팀에서 일했던 형님이 있는데 그 형님이 제가 울산이 집이니까 울산으로 전원 신청*을 하면 그쪽 병원에 입원이 가능할 수도 있으니까 함 알아보라 하드라구요. 그래서 어쩔 수 없이 울산 우정병원으로 전원 신청을 해서 통원 치료를 했죠. 우정병원이 집에서 차로 15분 거리인데 매일 차로 왔다 갔다 할 처지도 아니지, 집이 빌라 4층인데 엘리베이터도 없고 오르락내리락할 그것도 안 되지, 와이프도 맞벌이하는데 일해야지. 와이프가 병원 근처에 방을 얻어서 다니면 어떻겠나 하드라구요. 나도 그게 좋겠다 싶어서 병원까지 걸어서 한 5분 거리에 얻은 방에서 한 달 반 정도 있었어요.

그런데 치료라고 해봤자 그 병원에는 물리치료밖에 할 게 없고 재활치료도 따로 할 시설이 없는 모양이드라구요. 물리치료하는 게 다라 여름에 목발 짚고 다닐라니까 덥기도 덥고 가기 싫드라구요. 그래도 넓게 보면 나중에 일을 해야

---

* 치료 받는 병원을 옮기는 신청. 치료 받는 노동자가 병원을 옮기고자 할 때는 근로복지공단에 사전에 신청해서 승인되어야 가능하다.

나. 조선소 노동자

되니까 다니기 싫어도 부지런히 치료를 받았어요. 병원에서는 온수로 찜질을 해주라 하는데 혼자 있는데 그런 거까지는 안 되고 파스만 붙였어요. 병원에서야 집에서 꾸준하게 열심히 연습하고 그라면 시간이 지나면 낫는다는 식으로 얘기하죠. 거제도 병원 있을 때 주치의는 나이가 어린 사람도 아니니 뼈가 굳으니까 꾸준히 접히는 연습을 해야 된다 그러드라구요. 신경이라는 게 수술하면 어느 정도 죽는데 나이가 들면 재생이 잘 안 되니까 골병든다는 게 그 얘기라고 하드라고요. 쑤시고 아플 수도 있다, 이런 얘기겠죠.

모르면 눈 뜨고 당하는 게 산재 보험

산재 이것도 처음에 신청해놓고 받는 건지 못 받는 건지 아무 소식이 없으니까 많이 불안했죠. 회사는 당연히 된다고 했죠. '이거는 매스컴도 타고 워낙 큰 사고라서 당연히 주는 건 맞는데 사망자도 있고 원체 재해자도 많으니까 시간이 좀 걸린다, 받나 못 받나 이런 거는 신경 안 써도 된다' 하니 그런갑다 하고 마냥 기다렸어요. 그런데 당연히 해줘야 되는 거 맞다 그 말 말고는 일체 얘기가 없드라구요. 산재도 사고 나고 5월 말쯤인가 그때 판정 났거든요.

(외상에 대한) 산재 판정 기다리는 동안 아무 소식이 없으니까 와이프하고 정말 많이 다퉜어요. 와이프는 계속 산재 판정 어찌 되나 나한테 전화해서 물어보고, 그래서 회사에 전화해서 물어보면 회사는 된다고 기다리라고 하고, 다시 와이프한테 회사에서 된다고 기다리라고 한다 하면 와이프는 '그러면 언제 되냐고, 언제까지 기다리면 산재 판정 받냐'고 물어보고. 내한테 물어봐도 내가 탁 답을 못 내주니까, 와이프는 생활해야 되는데 돈이 안 나오니까, 자기도 답답하지. 이 기다리는 과정이 가정불화의 씨앗인 거라.

산재는 안 다치고 안 하는 게 좋지 진짜 속 씨끄럽고. 농담 아니고 나랏돈 얼마 받아먹을라고 이게 뭐하는 짓인가 싶고. 혼자였으면 안 하고 치웠는데 가족이 있으니까. 병원에서는 오히려 내한테 묻지, 대화도 안 되지, 와이프는 '와 안 되노' 자꾸 내한테 그러지. 이게 할 짓이 아니드라구요. 요번에 장해 판정 받는 것도 병원에서 너무 모르니까 혼자서 얼마나 땀나게 뛰어다녔는지. 병원에서 알아서 해줘야 되는데 즈그들이 오히려 내한테 물어보니까. 자기들은 요양병원이라서 그런 거 처리해본 적이 없어서 모른다는데, 몰

나, 조선소 노동자

라도 너무 모르니까 미치겠는 거라. 그리고 가서 심사*도 한 번 받아야 된다고 연락할 때까지 기다리라 하드라구요. 후유장해도 심사 볼 때 부산까지 사비 털어서 가야 돼요. 그것도 평일날 오라 할 거 아니에요? 그거 한 번 받겠다고 부산까지 가야 되는데 심사도 오래 볼 것도 아니고 10분, 15분 볼라고 일도 빠지고 가야 되니까 복잡하고 힘들어서 내 같은 사람은 안 하고 말지.

산재가 요서 요까지다 그러면 자세하게 설명을 해주는 것도 아니에요. 담당자한테 물어보면 '병원 가서 물어보면 알아서 해줄 겁니다' 그라고 끝이에요. 병원에서 모르는데? 모르면 그냥 모르고 넘어가는 거예요. 재활 시스템이 있었다는 거 자체도 몰랐고 우정병원에 통원 치료하면서 산재 담당한테 연장 신청하면서 물어보니까 산재도 다친 부위별로 입원 기간이 있다 말해줘서 그런 게 있다는 걸 알았죠. 아무 것도 모르는 사람들은 눈 뜨고 당한다고 해야 되나. 이번 사고도 산재 받아야 되는데 못 받고 그냥 넘어간 사람도 있다고 하드라구요.

우리 회사 말고 다른 데서는 못 준다 그런 얘기가 많았나

---

* 장해(업무상 사유로 발생하 부상이나 질병이 치유 후에도 신체 등에 영구적으로 남아 노동력이 상실되거나 감소된 상태) 판정을 위해 근로복지공단에서 진행하는 심사.

보드라구요. 회사에서 산재를 해주니 마니 하니까 병원에 있는 동안 저한테 '우리는 산재를 못 해준다 하는데 그쪽에서는 산재 해준다 하드냐'고 물어보는 말들이 많았어요. 나도 병원에 입원해 있는 동안 회사가 알아서 해주겠지 마냥 기다리는데 공대위가 와서 이런저런 게 있다고 조언을 해주드라구요. 울산 내려간 다음에 회사 상대로 손해배상 청구 소송을 해볼까 했는데 회사에서 어떻게 알았는지 하청 총무라는 사람이 살 작업을 해오드라구요. 일을 안 할 것도 아니고 계속 할 건데 일단 소송은 취하하고 나중에 장애가 남으면 그때 소송을 하라고. 그런데 사고 난 후에 반장하고 같은 물량팀들 다 내보내드라구요. 다시 회사 들어간다고 해도 일을 얼마나 더 하겠나 싶어서 그대로 소송을 진행했어요. 당시에 안 다친 사람들도 그 사고 때문에 일을 못 했는데 휴업급여를 제대로 못 받았잖아요. 그런 불이익은 좀 안 당했으면 좋겠는데. 그것 땜에 소송 건다고 말이 많았어요.

병실 옆의 크레인

희한하게 사고 나고 입원한 병원에 공사한다고 크레인이 있었거든요. 입원해 있는 동안 크레인 땜에 좀 많이 무서웠어요. 우리 업체만 해도 사람 두 명 죽고 워낙 큰일이 되다 보니 정신도 없었고, 무섭기도 하고. 나도 조선소 일하면서 옆에서 사람 죽은 건 처음 봤거든요. 병원에 있는 동안에도 계속 공사한다고 크레인이 왔다 갔다 하니까 하루 종일 두 근거리는 거예요. 트라우마 치료도 할려고 했는데, 일단 발이 급하니까 발 치료부터 해야 될 거 같고, 또 일단 정신과라 하면 이미지가 안 좋잖아요. 사람들한테 오해받을 수도 있고 해서 꺼리다가 트라우마 치료 받는 거를 산추련에서 알려줘서 시작했어요. 치료는 초반에 검사 몇 개 한 거 말고는 따로 한 것도 없드라고요. 그냥 한 달에 한 번 가서 담당 의사에게 상담 받고 약이나 좀 타고. 상담도 오래도 아니고 15분, 10분 정도. 근데 또 희한한 게 내가 상담하고 얼마 안 있어서 중간에 의사가 교체되었어요. 이전 의사가 그만두고 나간 거라. 뭣이 안 맞아도 이마이 안 맞나 싶은 게 새로 온 의사가 무슨 상황인지 모르니까 다시 얘기를 해달래. 자기는 처음 듣는 상황이니까 얘기를 다시 해달라니 사고 난 거부터 산재 이야기까지 처음부터 다 얘기해야 돼. 거기 갔다고 나한테 크게 도움된 거는 없는 거 같애. 스트레스만 더 받고 특별히 도움된 거는 없고. 병원 가서 나샀다기보다는 일하면서 치료가 된 거지. 그리고 솔직히 병원에 왔다 갔다 하는 사람을 좋아하는 사람이 어디 있어요.

사실 거제도 병원 있을 때가 치료가 제일 필요했던 거 같아요. 아무래도 그때는 사망자들이 눈에 고대로 선하게 비치니까. 요새는 한번씩, 주위에 형님들이 그 얘기하거나 할 때 생각이 나요. 다행히 그때 일이 기억에서 많이 지워진 거 같긴 한데 아무래도 위에를 자꾸 보게 되고 조심은 하게 되죠. 근데 제가 조심한다고 될 일도 아이고 일 잘 하고 있다가 위에서 뭐 떨어지는 거니까 어떻게 할 방법이 없지. 솔직히 거기 일하는 사람들도 한번씩 얘기해요. 죽고 다치는 거 다 팔자라고. 어쩔 수 없다고. 조심은 해야죠.

　사고 나고 한 일주일은 잠도 잘 못 자고 차 경적 소리만 들어도 심장이 벌렁벌렁거리드라구요. 트라우마 치료는 일단은 산재 당하면 무조건 해주는 게 맞다고 생각해요. 나도 처음에는 트라우마 치료가 있는지조차도 몰랐어요. 퇴원할 때쯤 통영 보건소인가서 문자 하나 딸랑 날라온 게 다니까. 사람이 몸을 다치든 안 다치든 트라우마 치료를 해줘야 되는데. 그런데 얘기 들어보니까 사고 났을 때 삼성 그쪽에서 트라우마 있는 사람들 지원을 해주니 마니 얘기도 나오더니, 원청에서 안 다친 사람들 일괄적으로 트라우마 치료하라고 해서 일과 시간에 한 번에 다 불러 모아갖고 트라우마 있나 없나 종이에 사인해라 이런 식으로 하고 넘어갔다 하드라고요. 트라우마가 없으면 없다고 사인하고 있으면 있다

　　　　　　　　　　　　　　　나, 조선소 노동자

고 사인해라, 그런데 트라우마가 있으면 앞으로 일 못 한다 그런 식으로 끝냈다는데, 실상이 그러니까.

안전교육 시간에 다 불러 모다가 설문지 같은 거 나눠주면서 사인해라 했다는데 설문지도 아니지, 사인지지 뭐. 쉽게 말하면 '우리는 이거 트라우마 치료 다 했다, 기본적인 조치는 다 했다' 이런 식인 거죠. 으예 보면 그것도 잘못된 건데 먹고살려면 다 사인해야 되는 거야. 아무래도 대기업이니까 쉽게 건들지는 못하겠다 이런 생각은 했거든요. 그런 경우도 있다고 하드라구요. 삼성 직영 중에는 책임을 다 하청으로 돌린다고. '돈 있는 놈들이니까 그렇지' 그런 생각해요. 삼성전자도 자꾸 사고 터지고 그라는데 삼성 자체가 그런가 봐요.

조선소 하청 사람들이 하는 말이 '일하다 다쳐도 직영이 다친 거랑 하청이 다친 거랑 천지차이다, 양반이 다친 거하고 머슴이 다친 거랑은 천지차이다', 이런 얘기를 했어요. 모르긴 몰라도 직영 직원이 죽거나 다쳤으면 좀 더 신경 쓰지 않았을까 싶어요. 그날도 하청 직원들만 죽고 다쳤잖아요. 조선소는 그런 거 같아요. 최하 밑에 있는 사람들만 일하는 곳이요. 다시 조선소 일을 못할 거 같기도 하지만 배운 게 이거밖에 없으니까 일이 없으면 어쩔 수 없이 다시 그 일을 할 수밖에 없지요. 경기가 또 안 좋으니까요. 이런 사고는 일단 안 일어나야겠고, 일어난다 하더라도 최대한 사고가 나면 국가에서 개입하든지 해서 산재 받고 이런 것도 쉽게 접근할 수 있는 방법이 있으면 좋겠어요.

사람 일할 데가 아닌 거 같아요

현대중공업 있을 때 경기가 안 좋아서 감원한다고 그러니까 같이 일하던 반장이 거제도 쪽으로 넘어가서 일한다 해서 따라갔어요. 현대중공업 있을 때부터 전계장*이라고 케이블하고 파이프 구부리는 일을 했어요. 배관이 이렇게 큰 게 지나가면 조그마한 관이 있거든요. 그거를 연결하는 건데 배관은 사람 몸의 뼈대를 만드는 거고 우리는 실핏줄 동맥이나 그런 걸 연결하는 일이에요. 공간 좁은 데는 척추 접어가면서 기어들어가야 돼요. 조선소가 저하고 안 맞을 거 같았는데 오히려 공장에서 일할 때보다 조선소 일할 때가 으예 보면 희한하게 잘 맞고, 일하니까 또 인정도 받고 그렇드라구요. 공장에서는 자기 일만 하고 가는데 조선소 같은

---

* 전기공사와 계장공사를 합해서 전계장이라고 한다. 케이블 트레이나 플레트바 등을 설치해 전선이 지나가는 길을 만드는 작업이다.

경우에는 기능공이 있으면 밑에 조공(반숙련공)이 있잖아요. 내가 사람을 부릴 수 있는 위치가 되니까 뿌듯함도 생기고, 인정도 받으니까 좋드라구요. 와이프도 처음에 조선소에서 일하겠다고 했을 때는 정말 반대가 심했는데 들쑥날쑥해도 벌이가 되니까.

그래도 삼성은 안전에 대해서는 많이 신경 쓴다 그래서 사고도 덜 나겠지 생각했는데 요번에 사고 나는 거 보고는 우스갯소리로 그랬어요. '여기는 짠짠한 사고는 안 나는데 아예 한 방을 터트리네.' 그런데 짜잘한 사고도 없지는 않았을 거 같애. 회사에서 쉬쉬하는 거겠지. 현대중공업이나 삼성이나 다 삐까삐까(비슷비슷)한데 현대도 따로 근사하게 흡연장 만들어놓고 이러지는 않았어도 근처에 편의시설을 최대한 봐주려고 자판기도 있고 했어요. 삼성은 아예 그런 것도 없드라구요. 흡연장이라고 해봤자 공터에 재떨이 하나 갖다놓고 그서 담배 피우라고 하고 그 옆에 간이화장실 하나, 그게 끝이더라구요. 화장실도 모듈 층에 있는 사람만 몇백 명인데 간이화장실 조그만 거 하나 놔놓고 식수대도 설치해놨다가 공기 마감한다고 아예 철거를 해버리고. 물도 먹지 말고 일해라 이거지. 그런 거 보면 사람 일할 데가 아닌 거 같아요. 사고 당일에도 쉬는 시간에 흡연장에서 담배 피우다가 그래 된 건데. 복지가 문제지. 안전교육 해도 말이 안전교육이지 회사 안에 '안전'이라는 게 있거든요? 작업할 때 '이렇게 하면 안전에 걸린다''그 사람들에게 안 걸릴라면 이런 조심을 해야 된다' 하는 식이지. 진짜 안전에 관련되는 거는 아니고 작업에 대한 내용 정도, 쉽게 말하면 작업 오더고 그런 거. 위에서 말은 좋게 안전에 신경 쓰라고 하는데 이거저거 다 챙기면서 일하다 보면 일 못 할 때가 많죠.

삼성은 또 그런 게 있드라구요 작업자 한 명 한 명에게 그날그날 작업 물량이 있는데 못하면 쌓이고 쌓이고. 위에서는 쪼으지 밤늦도록 잔업까지 시키고. 그때 당시 밤 10시까지 잔업했었거든요. 매일 하다 보니까 피로도 쌓이고 그러죠 사람이다 보니까.

먹고살려면 일해야죠

1년 동안 제일 힘들었던 게 병원에 입원했을 때 한두 달이랑 통원치료 했을 때 한두 달, 그런 거 같네요. 사고 때문인지 산재 요양한다고 집에 있으면서 스트레스 받아서 그런 건지 특별한 저거는 없는데 사람이 좀 신경질적이 되드라구요. 누가 꼬치꼬치 캐묻고 이라면 괜히 심문 받는 거 같고 그런 거 있잖아요? 가족도 그렇고 얘기하기 싫은데 자꾸

나. 조선소 노동자

물어보는 거에 대해서 짜증도 나고 예민해지더라구요. 사고 나고 다친 다리에 핀 박고 집에 한 5개월을 있었는데 그때 스트레스가 극에 달하더라구요. 제 일 특성상 또 인맥으로 하다 보니까 계속 다친 거 핑계 대서 일 못한다 못한다 하면은 어느 순간에, 딱 뭐라 해야 되노, 일자리도 뚝 끊긴다 해야 되나, 그럴 거 같은 불안감도 있고. 또 산재 받는 동안 집에 있으면서 치이기도 많이 치이니까 집에 있는 것도 싫드라구요. 차라리 어디라도 나가서 최대한 눈 안 마주치는 게 좋겠다 싶었어요. 그래서 치료 일찍 마치고 일하러 나간다고 했다가 와이프하고 다퉜어요. 놀러 가는 것도 아니고 일하러 간다는데 와이프도 어떻게 하겠어요. 그래 최대한 빨리 일하러 갔지요.

요새는 계속 일자리를 찾아다녀야 되니까 그런 게 스트레스긴 해도 내가 공장 생활을 할 수 있는 것도 아니고, 경기도 안 좋아서 다시 조선소로 들어갈 수 있는 것도 아니고, 애가 둘인데 같이 일하는 행님이 인맥이 많아서 여기 끝나면 저기 또 공사한다고 전화 오고 그러니까 부지런히 그 행님 따라다니는 거죠. 이러다 보면 인맥도 쌓이고 아무것도 없는 거보다야 안 낫겠어요? 경기도 살아나야겠지만 이 일 자체가 인맥으로 하는 거니까 그런 게 제일 중요하지요.

(충남) 당진은 이제 온 지 한 달 돼가네. 지금 조선소 경기

자체가 안 좋으니까 조선소 사람들이 이제는 다 제가 하는 육상 부분으로 빠져서 일하고 있어요. 현대오일뱅크 쪽에 셧다운 공사라고 공장 가동을 중단하고 보수공사를 해요. 한번 시작했다고 쭉 하는 게 아니고 짧게는 한 달, 길게 해봤자 6개월이라 꾸준하게 일을 찾아다녀야 되는 건 있지만, 셧다운 자체가 철야하고 잔업하고 하루에 열두 시간 이상씩 일하다 보니 아직 한 달 안 됐는데도 지금 벌어놓은 게 몇백 돼요. 이 일이 몸으로 때우는 거라 그러다 한순간에 몸이 간다고 얘기하는데 젊을 때 벌어야죠. 열심히 일해서 많이 벌면 기분은 좋으니까요.

지금 제가 공장 같은 데 들어가면 초보 아니겠어요? 새로운 거 배운다는 것도 솔직히 두렵고. 또 요새는 중소기업도 다 교대 근무 하는데 야간 근무 안 해본 지도 너무 오래돼서 밤늦게까지 일하는 건 모르겠는데 밤 새서 일하고 낮에 자는 거는 못 하겠드라구요. 공장은 퇴직금도 있고 정해진 시간에 일한다는 장점은 있지만, 잔업해도 수입은 변화가 크게 없어요. 지금 이 일은 철야하고 나면 하루 일하고 거의 4일치를 버니까 몸이 망가져도 그걸 무시 못하겠드라구요.

그래도 앞으로 노동절에는 놀라구요. 다음에도 또 이런 일이 안 생긴다는 법도 없고, 저도 계속 위험한 일 하고 있는데 사실 돈 생각하면 부지런히 일해야 하기는 하는데, 그래도 이제 노동절날 하루는 쉴라구요. 이런 것도 나름대로 징크스가 될 수도 있으니까. 그날 사고는 평생 잊을 수 없는 경험이죠. 사고 전날 울산에 있다가 노동절날 일해야 된다고 전날 밤에 올라갔었는데 와이프가 그때 이래 얘기했었거든요. '그냥 내일 하루 쉬어라.' 그때 그 말 들을걸 그랬나 싶기도 하고. 와이프도 다음 날 사고 당하니까 지나가는 말로 그러더라구요. '고마 그날 하루 쉬라니까 만다꼬 나가가지고 이래 사고가 났다.' 지금도 다리가 계속 걸으면 좀 괜찮은데 장시간 앉아 있다가 갑자기 일어설 때 조금씩 삐끄덕하고 걸을 때도 절쑥거리죠.

올여름에 엄청 더웠잖아요. 그때 군산에서 두어 달 일했는데 숙소에 선풍기밖에 없었어요. 지금 생각하면 어떻게 지냈나 싶은데 맞춰 살아가야죠. 애들하고 떨어져 지내는 거는 조금 그렇긴 한데 먹고살려면 마냥 놀 수도 없으니까 주거지가 일정하지 않아도, 휴가가 없어도, 일을 해야죠. 일하면 마음은 편하니까요.

제가 딸이 둘인데 저는 어릴 때 새엄마 눈치를 많이 봐서 아버지한테 장난치고 그런 거를 잘 못했거든요. 그래서 친구 같은 아빠가 되고 싶어요. 제가 어릴 때 장난감을 많이 못 가지고 놀아서 애들이 갖고 싶다 그러면 최대한 사주려고 하고 애들도 아빠를 많이 따라서 애들한테 잘해주려고 노력해요. 나중에 애들한테 남자 친구가 생겨도 저는 그런 거를 못 해봐서 해보는 것도 좋다고 생각해요. 서운하겠지만 나중에 결혼도 해야 되니까 그냥 건전하게 만나라 그렇게 말할 거 같아요. 병원에 있을 때 와이프가 일하다 보니까 애들을 주말밖에 못 봤어요. 애들이 왜 다쳤냐 물었을 때도 그냥 일하다가 넘어졌다 그랬어요.

제가 산재를 당해 보니까 농담 섞인 말로 '원체 대형 사고인데 니 이마이 다치고 산재 받고 이러는 게 정말 복 받은 거다' 이렇게 얘기하던데…. 사고로 다친 사람 중에 내하고 같은 병원으로 이송된 사람이 있는데, 응급실 갔다가 출혈이 너무 심해서 그 병원에서 안 된다고 해서 부산 가다가 쇼크가 와서 중간에 빠꾸해가지고 도로 돌아와서 응급 처치를 했는데 결국은 돌아가셨다 하드라구요. 죽은 사람이 나이도 얼마 안 됐고 딸이 둘인데 내 애 또래라는 이야기 들으니까 너무 안됐더라고요. 너무 안됐고 해서 이런 기록을 남기는 게 앞으로 도움이 된다면 최대한 제가 할 수 있는 일을 하고 싶었어요.

나. 조선소 노동자

이제 난 조선소 일
못 하겠구나

구술 김재영(가명)

글   현미향

저의 꿈은 바이크 선수가 되는 거였어요

저요, 되게 어이없는 게 저는 원래 오토바이, 바이크 선수가 꿈이었어요. 어머니가 오토바이를 꽤 잘 탔다고 하더라고요. 그 영향을 받은 모양이에요. 중학교 때 장래희망 적어서 내라 하면 오토바이 선수라고 적어 냈어요. 그때는 그걸로 먹고사는 우리나라 선수도 없어서 직업으로 갖기엔 애매한 시기였고 시골(충남 논산)이다 보니까 선생님들이 혼을 많이 내셨어요.

내가 하고 싶은 게 뭘까 딱히 떠오르는 게 없었어요. 공부하는 건 싫고. 원래 공고 쪽으로 가고 싶었는데 공고는 버스타고 통학해야 되는 위치였어요. 그것도 싫더라고요. 공고는 차를 타야 되고 인문계는 공부를 해야 되니 싫고, 갈 수 있는 가까운 데가 상고밖에 없었어요. 들어가고 엄청 후회했죠. 저랑 맞는 게 하나도 없었으니까. 당시 주산, 부기, 타자 자격증을 따야 했는데 이걸 따서 나가도 써먹을 데가 없는데 굳이 따야 되나 혼자 불만이 많았어요. 고등학교 2학년 때 아버지께 공고로 전학을 시켜달라고 했는데 공고를 가려면 학교 자퇴하고 재수를 해야 되는 문제로 끝까지 반대하셔서 어거지로 상고를 졸업한 거예요

여유가 있었더라면 디자인 쪽을 하고 싶었어요. 옷 만드

는 거. 막연하게 진짜 좋아하는 옷 한번 만들어보고 싶다는 생각은 고등학교 때부터 한 거 같아요. 현실적으로 그쪽으로 갈 형편은 안 되고. 그즈음에 할머니가 많이 편찮으셨거든요. 아버지가 매일 할머니 모시고 병원 가고 점점 더 안 좋아지실 때도 끝까지 다 했어요. 그런 시기에 제가 학교 진로를 선택해야 했는데 아버지는 자식들보다 할머니 병간호에 신경을 더 많이 쓰신 거예요. 진로를 어른들께 상담도 받고 물어보고도 싶었는데 그걸 못 한 거 같아요.

그래서 너무 어처구니없이 학교를 선택하고 집에 있기 싫어서 그냥 취업을 나가버렸는데 직장 생활을 하다가 우연찮게 직장 동료들이 저한테 모델을 한번 해보는 게 어떻겠냐고 그래요. 처음엔 농담으로 흘려들었는데 몇 번 듣다 보니, 옷 만드는 데 관심이 있으니까, 그쪽으로 한번 해보는 것도 나쁘지 않겠다 싶어 스물일곱 살 때 모델 오디션을 보러 서울에 갔어요. 오디션에 합격했는데 걸리는 게 두 가지가 있었어요. 스물일곱이란 나이가 모델을 시작하기엔 너무 많았고, 양성 과정에 있는 친구들은 집에서 지원을 받았는데 저는 그럴 만한 여건이 아니었죠. 합격하고도 집에 얘기도 안 했어요.

합격하자마자 다니던 직장을 그만두고 서울 센터 근처에 숙식을 해결할 만한 일자리를 구하러 다녔어요. 혼자 어떻게 해보겠다 싶어서. 두 달 정도 (일자리를) 찾아 헤맸는데 모델센터 프로그램 시간하고 아르바이트할 수 있는 시간이 너무 안 맞았어요. 결국 아르바이트를 못 구해서 꿈을 접었어요. 조금 어렸더라면 집에 얘기해서 도움을 받았을 텐데.

임금 가지고 이렇게 장난이 심한 데는 처음 봤어요

취부사*로 떠돌아다니다가 강원도 갔을 때 울산 사람을 만났어요. '울산으로 가자. 내가 물량 받고 니가 메인 취부사 하고, 동생이랑 셋이서 함께 하자. 숙식 다 제공해주고 월 얼마씩 줄 테니 내 믿고 가자.' 그렇게 울산에 내려오게 됐어요. 그때 울산이란 곳을 처음 와서 진하에 모텔 방 얻어서 동생이랑 둘이 있었어요.

그런데 저한테 울산으로 가자 했던 사람한테 뒤통수 맞고 울산에서 붕 떠버렸어요. 울산 가면 좋은 일자리는 물론이고 일당도 많이 쳐주고 숙소 비용도 대주겠다 했는데 약속을 안 지키고 오히려 제가 하던 일자리까지 빼앗았어요. 아는 사람

---

* 용접 작업 전에 설계도면에 맞춰 구조물의 뼈대를 정확한 위치에 놓고 가용접을 해놓는 일.

도 없고, 20대 후반에 빈 몸으로 고향 갈 수도 없고, 삶이 거의 최하까지 내려갔어요. 카드는 다 막히고, 타고 다니던 차도 팔아야 될 정도로 궁핍했어요. 아침에 눈뜨면 편의점 삼각김밥에 컵라면 하나 먹고 출근해서 점심은 회사에서 먹고 저녁에 또 컵라면에 삼각김밥 먹고, 그렇게 한 석 달을 울산에서 있었어요. 그러다 그라인더를 알게 된 거예요.

모텔 바로 앞에 일 끝나고 매일 가던 피시방이 있었어요. 피시방 이모가 딱 이삼 일 저를 보고 '삼촌 요즘 일이 없나, 왜 일을 안 하냐' 물어요. 사정을 얘기하니까 '아 그럼 진작 얘기하지' 하면서 바로 자기 신랑한테 전화해서 자리를 마련해주더라고요. 신랑 되시는 분이 조선소 도장 스프레이 사수였어요. 도장 일을 배워볼 생각이 있냐 그래서 도장이 뭐냐 물으니 배에 색칠하는 거래요. 무조건 한다 했어요. 숙식을 해결하려면 뭐든 해야 하는 상황이었어요.

도장을 한 6개월 하다가 파워 하는 분들을 처음 봤어요. 남자끼리 모여서 뭘 뒤집어쓰고 하는데 돈을 얼마 받고 먼지 구뎅이에서 저런 일을 하나 궁금해서 물어봤죠. 대충 설명을 해주더라고요. 단가(일당) 얘기를 딱 듣는 순간 '아 난 저걸 해야겠다', 그래서 힘들게 그라인더를 하게 되었어요. 파워그라인더. 와, 진짜 정말 죽어요 죽어, 목하고 어깨가.

제가 알기론 (울산) 현대미포조선 쪽은 외판, 배의 외벽은 거의 외국인들이 해요. 제가 그래도 10년 좀 넘게 일했는데 외국인들이 들어오면서 문제가 시작된 것 같아요. 업체에서는 같은 일이래도 외국인을 쓰면 적은 임금으로 쓸 수 있으니까 외국인 비중이 늘면서 자연적으로 단가가 떨어진 거예요. 한국 사람들은 환경이라든지 악조건, 위험에 대해 다 얘기한단 말이에요. 근데 외국인들은 그런 얘기를 안 해요. 언어도 능수능란하지도 않고. 같이 일 시키면 한국 사람들은 말 많고 부리기 힘든 사람이 돼버리는 거죠. 그럼 '너 나가라' 그렇게 되죠. 울산, 온산 쪽은 외국인 비중이 이미 한국 사람 이상으로 넘었어요. 여기(거제)도 그렇게 되지 말란 법은 없거든요.

요즘 조선소 일이 거의 없어서 본공들도 직영들도 내보내고 있잖아요? 그렇게 어렵기 전까지는 물량팀이 쉬는 날이 거의 없었어요. 단가가 높은 물량팀하고 본공하고 연봉이 비슷해요. 물량팀이 쉬었기 때문에 만까이돼서 그런 게 아니에요. 물론 개인적으로 쉬는 사람도 있겠죠. 조선소가 힘들어지기 전까지는 물량팀이 일이 없어 쉬는 경우가 그렇게 많지 않았어요. 일은 거의 연결됐어요.

뭐 때문에 차이가 있냐면 물량팀 단가가 최고를 찍을 때가 만약에 27~28만 원이면 그게 1년 내내 가는 게 아니에요. 물량팀 단가는 회사에서 맘대로 올렸다 내렸다 해요. 바뺄 때는 단가를 올렸다가 한두 달 고비 넘기면 단가를 확 깎아요. 25만 원으로 사람 구해 쓰다가 급한 거 해결되면 20만 원, 19만 원, 18만 원, 이렇게 한 달에 2, 3만원씩 깎는 건 일도 아니에요. 저는 제일 많이 받을 때 하루 27만 원 받았고 제일 적게 받을 때 하루 15만 원 받았어요. 단가를 확 깎아 놓고 이 돈 받고 계속하든지 나가든지 선택은 니네가 해라 이거지. 나가란 소리지.

조선소가 주로 그런 식이에요. 사람들 내보낼 때는 돈부터 확 쳐내죠. 여기(울산 현대중공업) 들어갈 때만 해도 20만 원 중후반대였는데 나갈 때 되니까 18만 원, 17만 원, 말도 안 되게 금액이 깎였으니까. 그것도 앞으로 얼마얼마 더 깎게 될 거다 공표를 한 상태에서 할 거면 붙어 있고 안 할 거면 나가라 그러니 어쩔 수 없이 거제도로 가게 돼서 삼성이란 데를 처음 들어가본 거죠.

'배 위에서 절대 뛰지 마라, 뛰면 죽는다 여기는'

조장 하면서 동생들이 대부분이었지만 초짜들도 네다섯 명 됐는데 그런 얘기 항상 해요. '절대 뛰지 마라. 뛰면 죽는다 여기는.' '사회 초년생처럼 빠릿빠릿하게 움직이는 것 안

나. 조선소 노동자

좋아한다.' '무조건 다친다, 그렇게 하면 다친다.' 근데 맨날 사고 나면 신문에 열이면 열 모두 작업자 부주의라고 하잖아요. 그런데 진짜 부주의한 것하고 부주의하게끔 만드는 것하고는 엄밀히 따져봐야 한다고 생각해요. 물량이나 검사, 공기 그런 거가 작용한다고 봐야죠. 업체 측에선 돈하고 관련된 건 줄이고 단축시키려고 하죠. 그러면서 사고 나면 다들 작업자 부주의라고.

제가 (현대중공업) 해양에서 무릎 연골 파열됐을 때도 그랬어요. 샌딩기가 원래 큰데 좁은 장소에 치는 미니샌딩기가 있어요. 모래를 채우면 무게가 40, 50킬로 나가요. 미니샌딩기를 3층까지 올려야 해서 조장한테 크레인으로 옮겨달라 했어요. 어디에 무전을 하더니 지금 크레인이 안 되고 검사 때문에 빨리 해야 하니 그냥 좀 갖고 올라가면 안 되냐고 협박 반 사정 반 하더라고요. 그래서 같이 일하는 형님이 계단 위에서 들고 제가 키가 크니까 밑에서 받쳐 들고 올라가다가 무게 때문에 삐끗한 거예요. 그러고 나서 무릎이 살 애리기 시작하더라고요. 어찌어찌 낑낑대고 올려서 작업 마치고 나니까 무릎이 시큰거리다가 송곳 같은 걸로 막 쑤시는 것처럼 소름끼치게 아팠다가 괜찮았다가 통증이 반복되는 거예요.

MRI 찍었는데 무릎 연골이 파열됐대요. 업체에 얘기하니까 소장이랑 총무란 사람이 증거 있냐고, 증인 있냐고, 니가 언제 어디서 다쳤냐 하더라고요. 병원에서 의사가 '관절 부위여서 산재 진행을 해야 될 거다, 관절은 일단 칼 대면 백퍼센트 후유장해가 온다, 공상 처리하면 나중에 골치 아플수 있으니까 산재로 하는 게 좋을 거다' 얘기하시더라고요.수술해야 된다는 얘기 나오니까 회사에서는 공상으로 해줄테니 치료 잘 받아라 하고, 난 싫다고, 산재(신청) 한다고 했죠. 그랬더니 그게 산재가 될 거 같냐고, 산재 안 된다고, 산재가 그리 쉬운 줄 아냐고 그리 얘기하데요. 되든 안 되든산재(신청) 하겠다 더 이상 당신들과 얘기 안 하겠다, 공단측과 얘기하겠다고 했어요.

공단에서 사고 조사 나온다고 한 날 한참을 고민하다가 약속 시간보다 30분 정도 늦게 사무실로 갔어요. 소장하고 총무하고 진술서를 절반 이상 이미 작성했더라고요. 공단에서나온 조사관이 저를 보더니 '안 오실 줄 알았는데 오셨네요'그래요. 회사 사람들도 제가 안 올 줄 알았다가 제 얼굴 보고좀 놀라더라고요.

사측에서 근로복지공단에 제출한 진술 내용이 안 맞는 부분이 굉장히 많았어요. 예를 들어서 쪼그려 앉아서 일하는시간이 하루 평균 몇 시간 정도 되냐 물어봐요. '하루 평균'이라고 말하기 애매한 게 쪼그리고 일하는 시간이 작업을시작한 날은 많을 수도 있고 검사 받는 날은 적을 수도 있고, 천장 작업하는 날은 적을 수도 있고 바닥 청소하는 날은 많을 수도 있는데, 이걸 평균을 내라니까 머리가 쥐가 나데요. 근데 회사에서 적어놓은 건 30분 미만이라는 거예요. 그라인더 작업하는 사람이 쪼그려 앉아서 일하는 게 아무리 안 해도 30분 미만이라는 건 말도 안 되는 소리거든요. 직장을 부르고서 쪼그려 앉아서 일하는 시간이 30분이 넘는다는 걸 확인했어요.

근로복지공단 조사관이 마티즈를 타고 왔었는데 제가 다리를 계속 저니까 입구까지 태워주면서 '자기들이 봤을 때 이게 확률적으로 어렵다, 선생님 경우는 힘들 수도 있다, 근데 너무 낙심은 말고 치료 잘 받으라' 그리 말하길래 솔직히 포기했었어요. 그러다 수술하고 산재가 인정됐죠. 치료 받고 그렇게 많이도 못 쉬고 복귀했어요.

사고 당일, 전 6층에 있었어요

사고 난 마틴링게 바닥도 저희 팀 담당이었어요. 저희가 전처리 작업이니까 그라인더 하고 검사가 나면 도장부가 투입돼서 바르거든요. 근데 희한하게 그 바닥은 그라인더 밀어놓고 비 맞혀서 딜레이되고, 또 그라인더 밀어놓고 샌딩 치고 나면 또 비 맞아서 딜레이되고, 그렇게 한달 가까이 딜레이가 됐어요. 비 때문에 자꾸 작업이 딜레이되고 딜레이되고, 여기 작업이 검사가 안 되니까 다른 쪽 가서 작업해놓고 와서 한 달 가까이 했어요. 그러고 나서 작업 끝나고 검사 끝나고 저희가 빠진 지 딱 3, 4일 지난 후에 그 사달이 난 거예요.

그 작업 끝나고 나서 저희는 6층으로 올라갔고 6층도 그날 작업 끝내고서 검사 대기하는 중이었죠. 야간조가 샌딩을 때려놓으니까 바닥에 샌딩 가루가 엄청 많이 쌓여 있어서 저희가 아침에 출근하자마자 청소를 했어요. 분진 백을 여섯일곱 개 채웠을 거예요. 그걸 채우면 내려야 되잖아요. 그걸 사고 난 크레인이 한 거예요. 크레인으로 분진 백을 들어서 밖으로 내린 거죠. 그것 다 내려주고 나서 크레인이 뭐가 할 게 있었는지 붐대를 3층 데크 방향으로 세워놓고 있었어요.

저희 바로 옆에 골리앗(크레인)이 있었어요. 검사 준비가 끝나서 감독관들을 기다리고 있는데 갑자기 작업자 중에 한 명이 '어어어' 하는 거예요. 군중심리라는 게 있잖아요? 누가 '어!' 하고 쳐다보면 같이 쳐다보게 되잖아요. 보니까 골리앗이 이렇게 우리 머리 위를 지나가고 있어요. 타워가 서 있는데 골리앗이 계속 가는 거예요. 점점 가까워지는데, 와 저거 칠 것 같은데, 서야 되는데, 서야 되는데 하는데도 계

　　　　　　　　　　　　　　　　　　　　나. 조선소 노동자

속 밀고 들어오더니 지긋이 밀어버리데요.

천둥 치는 소리 비슷하게 바바바박 하더니 붐대가 확 떨어져버리더라고요. 그 순간부터 비명 소리가…. 저는 처음에 놀이동산에 자이로드롭이라고 하나요, 확 올라갔다 떨어질 때 지르는 비명 소리 있잖아요? 그 소리랑 흡사했어요, 여자들 하이톤 비명 소리가. 밖을 내다보니까 이미 난리가 난 거죠.

저희가 전처리 작업하고 검사 대기를 하면 뒤에 도장부가 올라와서 대기해요. 저희 오케이 나자마자 바로 발라야 되기 때문에. 근데 그 (도장)업체에서 위에만 하는 게 아니니까 이모들도 모듈 층별로 분산되어 있었던 거예요. 6층에 못 올라온 사람도 있고 (사고가 난) 3층에 있었던 사람도 있고. 저희도 팀원 중에 두 명을 다른 작업 때문에 밑으로 내려보냈거든요. 다들 전화기를 꺼내서 정신없이 전화했죠. 저희는 면을 뒤집어쓰고 작업하니까 전화 와도 몰라요. 진동으로 해놓으면 좀 느낄까 그라인더 하면 전화 암만 해도 모르거든요. 쉬는 시간은 다 가는데 이 시간이면 면 벗었을 시간인데 전화를 계속 안 받으니까 저희도 초초해지기 시작했죠. 옆에서 도장부 이모들 전화 안 받는다고 울면서 발 동동 구르는데 너무 혼란스럽더라고요.

이게 웬일인가, 이게 진짜 현실인가, 겁이 나서 밑을 더 이상 못 보겠는 거예요. 우왕좌왕하고 있는데 감독관들이 빨리 내려가라 내려가라 하더라고요. 무슨 정신으로 내려왔는지 모르겠어요. 제정신이 아니었어요. 내려와서 인원 파악하는데, 뭔 얘기를 하는데 하나도 모르겠고. '인원 파악 다 됐으니까 일단은 귀가를 해라, 당분간 일이 안 될 수 있다, 일하게 되면 연락을 주겠다, 일단 가라' 그랬어요. 숙소까지 걸어가는데 앰뷸런스가 끝도 없이 막 들어와요. '아 이거 진짜구나.'

이제 난 조선소 일 못 하겠구나

사고 나고 팀장이 다른 작업장 야간 알바 자리를 운 좋게 소개를 받았어요. 사고 난 곳은 최소 한 달은 못 올라가니까 마침 일은 급하고 사람이 필요하다고 해서 한 달을 거기서 야간 일을 했어요. 야간 일 마치고 마틴 (작업중지) 풀려서 올라갈 수 있다길래 열흘 정도 대기하다가 올라갔어요. 3층은 저희가 올라가면서 거쳐 가는 곳이에요. 사고 난 자리에 동그라미가 쳐 있고, 마음이 안 좋더라고요. 거기 별로 안 있고 싶었는데 가장들이다 보니까 쉽게 선택할 수 없는 상황이 있거든요.

그때쯤 하나둘씩 사람들이 빠져나가기 시작했어요. 조금 이따 업체가 폐업할 테니 나가라고 해서 저도 울산으로 올라왔어요. 조선소 일을 내가 할 수 있을까, 이런 생각을 계속하다가 올라온 지 한두 달 됐을 때 일단 뭐라도 해야 되니까 친한 동생이랑 새벽마다 용역 여기저기를 가봤어요. 뭐라도 해야 되니까. 그 짓을 두 달 넘게 한 것 같아요. 처음에 그라인더 말고 조선소에서 다른 일을 해볼까 해서 동생하고 들어간 데가 닥트 세척하는 거. 그거는 할 수 있겠다 싶었어요. 그런데 4일 했나? 지상에서 높아지는 게 힘들어서 못하겠더라고요. 결국 나왔어요. 나오고 나서는 지상에서 할 수 있는 일이 없나 찾아다녔어요. 온산에 족장* 설치하는 일이 있었어요. S사에 들어갔는데 거기는 블록이 1층, 2층밖에 안 돼요. 별로 높지도 않고 크레인이 왔다 갔다 하는 것도 아니라고 생각해서 일을 했어요.

근데 거기는 진짜, 거기는 고발을 해야 돼요. 크레인이 사람 위로 왔다 갔다 해요. 밑에서 올려주는 것 받으려 대기하고 있는데 갑자기 그늘이 싹 졌다가 휘딱 지나가길래 보니까 크레인이 쓰레기통 들고 머리 위로 지나가는 거예요. 신호수가 있었는데 순간 그 사람을 진짜 죽이고 싶더라고요.

---

* 높은 곳에서 사람들이 일할 수 있도록 만들어놓은 작업 통로.

도대체 무슨 생각으로 작업을 이딴 식으로 하나, 일 못 하겠다고 하고 나와버렸어요. 도저히 못 하겠더라고요. 그때 딱 느꼈죠. 이제 난 조선소 일 못 하겠구나.

'가능성도 없는데 굳이 그걸 하려고 하냐'

그즈음이었던 것 같아요. 집에서 가만히 앉아서 TV를 보고 있는데 애들이 엄마한테 뭐 해놨다고 자랑하면서 보여주고 와이프가 '어 잘했네' 하면서 하이톤으로 반응하는 소리가 확 귀에 꽂혔어요. 높은 소리가 너무 듣기 싫은 거예요. 애들 소리도 듣기 싫고 애들이 놀면서 목소리가 높아지면 제가 거기에 너무 예민하게 반응하는 거예요. 처음에는 새로운 직업을 찾아야 해서 마음이 불편해서 그런가 생각했어요. 그런데 자꾸만 강도가 심해지는 거예요. 나중에는 제가 집에 가면 우리 애가 저한테 안 오더라고요. 소리를 질렀어요. 시끄럽다, 조용히 좀 해라, 매일 애들한테 소리를 지르는 거예요.

그러다 애가 아빠 무섭다고 그 얘기를 딱 하는데 순간, '아, 이건 아니다, 내가 지금 뭐 하는 짓이지'. 그런 생각이 들더라고요. 그래서 울산 남목 우체국 2층인가 3층에 심리

상담센터를 찾아갔어요. 상황이 이러저러해서 괴로워서 찾아왔다고 했어요.

제가 너무 소리를 지르니 아이들도 힘들 거고 내 자신도 너무 힘들다, 애들이 날 무서워하고 피하는 게 너무 괴롭다, 그러니까 심리상담센터 선생님이 애들하고 있는 시간을 줄여보라고 하시더라고요. '이게 무슨 헛소리야? 우린 가족인데, 그럼 나보고 나가라는 소리야?' 처음에는 그렇게 생각했어요. 상담 끝나고 집에 가면서 곰곰이 생각해봤지요. '애들한테 소리 안 지르는 방법이 뭐가 있을까?' 애들을 보통 9시 반에서 10시에 재우거든요. 선생님 말대로 애들 잘 때쯤 돼서 들어가면 되겠는 거예요. 그래서 노가다 할 수 있는 날은 하고 할 수 없는 날은 밖에서 멍하니 돌아다니다 들어갔어요. 그 짓을 두 달쯤 했어요.

힘든데 와이프한테 정작 말을 못 해요. 내가 외상 후 스트레스 장애라고 해서 그렇다는 건 아는데 '아 그렇구나' 하지 그것 때문에 배려를 한다거나 더 신경을 쓰는 건 없어요. 웬만하면 내색을 안 하려고 하죠. 애들한테 소리 지르면서 안 좋은 내색은 이미 표출했지만 와이프한테 괴롭고 힘들다는 얘기는 안 하거든요. 이 사람이 혼자 쌍둥이 키우기도 버거울 텐데 제가 이것 때문에 힘들다 아무것도 하기 싫다 얘기하면 이 사람이 더 힘들어질 것 같은 거예요. 정작 같이 있는 사람한테는 얘기를 못 하고 자꾸 심리상담 하시는 분 찾아가서 뭐 때문에 힘들고 어떤 트러블 때문에 진짜 누구를 죽이고 싶기도 하다는 그런 얘기를 해요.

5월달에는 죽는 것에 대한 생각을 굉장히 많이 했어요. 갑자기는 아니고 차츰차츰 온 것 같아요. 내가 '죽어야겠다'가 아니라 '아, 이러다 죽게 되는 건가', '오늘 자다가 못 일어나면 어떡하지' 이런 막연한 공포심이 생기더라고요. 그리고 사고 후 계속 느끼고 있는 증상이 여자 하이톤 목소리, 소리 지르는 거, 애기들 큰 목소리 너무 듣기 싫고, 엘리베이터 타는 것도 힘들어요. 형편만 되면 낮은 주택으로 이사 가고 싶어요. 올라갈 때 내려갈 때 엘리베이터 타는 것 자체가 너무 싫어요. 그래서 주변에 큰 건물 없는 주택으로 가고 싶어요. 큰 건물 있으면 주택도 나중에 지진 때문에 무너지면 어떡하나 이런 생각도 좀 있어요.

병원에선 '선생님 상태면 치료를 장기적으로 하셔야 될 거다' 말은 해요. 그런데 장기로 가면 갈수록 난 뭘 해 먹고 살아야 하나 싶어요. 병원 가면 선생님 얘기하고 약 지어주고 하는데 그래봐야 내가 직업이 생기는 것도 아닌데 저 약 먹으면 뭐 하나, 잠만 더 자지, 정신 상태만 몽롱하지, 일이 생기는 것도 아닌데 먹으면 뭐 하나 약에 대한 믿음도 없는 거예요.

나, 조선소 노동자

사고 나고 한두 달 뒤에 갑자기 심리상담이라며 전화랑 문자가 왔었어요. 그걸(트라우마 증상에 대한 실태조사 설문지) 풀었는데 두 달 후에 고위험군이라고 전화로 알려주더라고요. 치료 받을 의향이 있냐고 물어서 울산인데 받을 수 있냐고 물으니까 가능하다더니 그 뒤로는 연락이 없었죠. 심리검사하고 나서 산추런 선생님이랑 몇 번 통화했는데 아무래도 산재 쪽으로 검사를 받아보는 게 어떻겠냐, 몇 분 진행하고 있는데 증상이 비슷하다고 하시더라고요.

통영 근로복지공단인가, 처음부터 사고 담당했던 그 사람들? 저희 내보낸 업체들도 화가 나지만 공단 직원한테 제일 짜증이 많이 나요. 전화할 때마다 '업체가 어디세요? 무슨 일 하세요?' 물어보더라고요. 할 때마다 같은 사람이 그걸 물어봐요. 일부러 그러는 건가 생각했어요. 스트레스가 장난이 아니었어요. 전화할 때마다 '알겠습니다, 해주겠습니다' 답하고 1년을 넘겨버렸잖아요. 그 1년 동안 너무 답답한 거예요.

동료가 근로복지공단에 갔다가 공단 직원이 업체 사장하고 통화하는 걸 들었는데 '몇 만 명 중에 한 명 있을까 말까 가능성이 없는데 굳이 그걸 하려고 하느냐, 그걸 하려면 그동안 일용직으로 다녔기 때문에 회사에서 보험금 내야 되고 돈도 들어가고 확실히 된다는 보장도 없다' 이런 식으로 애기했다더라고요. 외상 후 스트레스 장애란 것도 처음 들어봤고 그런 쪽으로 산재가 되는지 전혀 들어본 바도 없으니 정말 그런가, 괜히 하는 건가 싶기도 하더라고요. 보니까 업체 직원하고 공단 직원하고 이미 얘기가 된 것 같았어요. 업체 사장도 저한테 전화해서 똑같은 얘기를 하더라고요. '가능성도 없는 걸 왜 하려고 하느냐, 그거 너 돈 까먹는 거다, 우리는 괜찮은데 너 생각해서 그러는 거다.' 그때 진짜 저는 뭘 모르니까 가뜩이나 없는데 돈만 날리고 상처받고 끝나는 건가 싶었어요. 산추련 선생님이 상황을 알아듣게 설명해주시고 많이 도와주셨죠.

공단 직원이 그런 얘기도 했어요. '니네 사고 나고 바로 나간 것도 아니고 그 뒤로 보름인가 일을 했던데 외상 후 스트레스 장애 증상 있는 사람이 사고 후에 곧바로 어떻게 일을 할 수 있냐.' 그 말 들었을 때 어이가 없어서 속으로 웃었어요. 저희 손으로 작업한 바닥에서 여섯 분이나 돌아가셨는데 그 배에 다시 올라가고 싶겠어요? 근데 그 위에 간 사람들이 다 가장이란 말이에요. 어떤 마음으로 거길 올라갔겠냐고요, 올라갈 때마다 표식이 그려져 있는데 누구는 찝찝하다 그러고 누구는 안 오고 싶다 그러고, 저는 조장이니까 사람을 데리고 일을 해야 되니까 다독이는 입장이지 '와 미치겠다' 이렇게 말할 수 있는 입장은 아니었거든요. 울산에 빨리 일이 생겨서 올라갔으면 좋겠다 그런 마음만 있었어요.

장비값은 떼이고 실업급여는 못 받고 휴업수당도 떼이고

사고 후에 얼마 안 있다가 성지에서 폐업을 해서 더 이상 일을 같이 못 하니 나가라고 사직서를 받더라고요. 저도 사직서를 썼어요. 그렇게 퇴사하고 월급을 받았는데 기타공제로 50만 원씩 공제가 돼 있더라고요. 장비 값과 피복 값을 뗀 거였어요. 사고 이후 50일 정도 지나서 처음 올라갔을 땐 장비는 이미 다 없어졌고 아주 엉망진창이었거든요. 그때 회사 측에 분명히 애기했었어요. 사고 때문에 우리 장비 하나도 못 챙겨 내려온 건데 나중에 장비 분실되었다고 우리한테 이의제기하지 말라고. 그땐 안 하겠다고 그러더라고요. 근데 그걸 깐 거예요. 회사에 따져 그 50만 원은 돌려받았어요.

회사 나와서 한동안 저랑 동생이랑 노가다 전전하다가 자동차 셧다운도 며칠 들어갔다가, 그 일도 끝나고 일도 연결 안 되고 중간중간 빠진 날도 많고 대마치(일감이 없어 쉬는 날)도 많고 도저히 안 되겠다 싶더라고요. 그래서 실업급여 신청하러 갔더니 성지에서 저희를 자진퇴사로 신고했고 기간도 모자라서 실업급여를 줄 수 없다고 하더라고요. 거기(고용지원센터)서는 업체장하고 얘기해서 그걸 변경해야 실업급여를 탈 수 있다고 하더라고요. 대표한테 전화했더니 '우리는 어차피 폐업신고했으니 모르겠다. 우리한테 얘기하지 마라' 이렇게 된 거에요. 결국 실업급여는 못 받았어요.

사고 때문에 쉬게 돼서 받아야 하는 휴업수당도 삼성 측에서는 다 지급했다는데 못 받은 곳이 많다고 알고 있어요. 저희도 못 받았어요. 저희는 사고 때문에 며칠 쉬다가 운 좋게 야간 알바 자리가 생겨서 일하러 들어갔잖아요? 그러면서 빠진 날이 며칠 안 되더라고요. 당시 팀장하고 대표하고 지들끼리 얘기해서 어차피 야간 알바 시작 전에 이것저것 빠진 것 하면 2, 3일밖에 안 되는데 안 주는 걸로 하자고 정리해버린 거예요.

'오빠는 되게 성실할 것 같다'는 그 말

울산에서 조선소에 일하러 다닐 때 안 지 얼마 안 된 친구가 저한테 아가씨 한번 소개 받아볼 테냐 묻더라고요. 나를 본 지 얼마나 됐다고 사람을 소개해준다고 그러나 의아했지만 소개를 받았어요. 와이프는 저랑 두 살밖에 차이가 안 나

나, 조선소 노동자

요. 그래서 저 사람이 나이가 있으니 사람을 만나면 결혼을 전제로 만나야 되지 않나 생각했어요. 저는 와이프가 제가 사는 집을 보면 실망해서 갈 줄 알았어요. 그때 화장실도 밖에 있는 월세방에 살았거든요. 근데 주말마다 집에 오는 거예요. 이 사람 뭐지 싶어서 약간 궁금해지더라고요. 그렇게 두 달 후 와이프가 직장 생활하면서 모은 돈에 4천만 원 대출 받아서 이사하고 함께 살게 되었어요. '도대체 무슨 생각이냐, 나를 뭘 믿고 이러는 거냐' 물으니 와이프가 딱 그 얘기를 하더라고요. '다른 건 모르겠는데 오빠는 되게 성실할 것 같다.'

마이너스에서 시작하는 거잖아요. 아무것도 없는 상황에서 대출 받고 시작하니까. 저 하나 보고 결혼한 믿음을 실망시키지 않겠다는 게 굉장히 저를 확 잡아주는 역할을 하는 것 같아요. '성실할 것 같다'는 와이프의 그 말이, 그거 하나 보고 왔다는 말이 어떻게 보면 저한테 되게 무거운 말이지요. 성실해야 되니까.

빚이 있어요. 울산 동구 집값이 한창 올랐을 때 대출 받아서 아파트를 들어갔으니까. 30년 분할인데 월에 30만 원씩 빠져나가요. 간간이 메꾸는 상태지요. 애가 쌍둥인데 어린이집 보내고 와이프가 일을 해요. 동구청에서 진행하는 사업인데 조선소 실직자를 위한 6개월짜리 일자리예요. 처제는 동사무소에서 근무하고 와이프는 동구청에서 근무해요. 남목 길 다니면서 불법 전단지 수거하는 일을 하고 있거든요. 좋아해서 할 만한 일은 아니에요.

와이프는 결혼 전에는 법무사 사무실에서 사무보조로 사무실 일만 했던 사람이지, 저렇게 땡볕에 돌아다니면서 하는 일은 안 해봤거든요. 그리고 와이프가 부끄러움도 많이 타고 낯을 많이 가려요. 그런 사람이 전단지 떼러 다닌다고 생각해보세요. 마음이 불편하지요. 와이프가 성향에 전혀 안 맞는 일을 하고 있는 걸 생각하면 마음이 안 좋죠. 와이프가 구청에서 이런 걸 한다는데 해볼까 물어보는데 마음이 많이 안 좋더라고요. 근데 하지 말라고 말 못하는 내가 너무 등신 같은 거예요. 빨리 좀 뭔가를 하긴 해야 되는데, 아, 답답하네요.

제가 가진 스트레스의 90퍼센트가 직업 문제예요

조선소 일은 도저히 못할 것 같아서 타일 기술을 배우려고 사람을 소개 받아서 일했어요. 페인트 믹서기에 세멘을 섞고 기계를 뺐는데, 전선이 감기는 걸 보고 잡았다가 손가락이 말려들어갔어요. 뼈는 부러지고 피부가 뽑혀버렸어요.

다쳐서 오전 8시도 안 된 상황에서 병원으로 갔는데 현장에서 다치고 사장도 있어서 산재 진행하는데 별 어려움은 없었어요. 사장이 목격자니까 사고 처리하는 데도, 산재 승인되는 데도 얼마 안 걸렸어요. 바로바로 진행되었고 업체 대표도 건설사 대표도 딴지 걸지 않고 일사천리로 해결됐죠. 눈에 보이는 사고하고 외상 후 스트레스 장애하고 너무 비교되는 거예요. 그렇게 다쳐서 쉬는 동안 국비 지원 사업으로 배워서 할 만한 일이 있을지 여러 방면으로 알아봤어요.

그런데 울산이 취업하기엔 굉장히 취약한 도시 같아요. 조선소, 화학, 자동차 쪽으로 특화된 지역이라 그 외에 딱히 들어갈 만한 곳이 진짜 없어요. 제일 많은 게 요양보호사. 그거는 저도 적성에 안 맞고 와이프도 마찬가진데 그거 빼면 직업 찾기가 힘들더라고요.

그래서 울산을 떠야 되나 그런 생각을 많이 해요. 처가가 울산이에요. 처제도 바로 근처에 있고 장모님도 근처에 계시고 해서 딱 뜨겠다고 쉽게 말은 못 하죠. 정 힘들어서 못 있겠으면 따라는 가겠다는데 와이프나 저나 확실하게 뭐가 정해져야 가지 무턱대고 가서 직업을 찾을 수는 없죠. 그런 부분이 제일 힘들어요.

조선소 일을 대단한 기술이라고 생각하는 분들이 의외로 많아요. 그런데 조선소 일 중에 밖에 나와서 써먹을 만한 일이 생각보다 많지가 않아요. 특히 제가 했던 일은 밖에서 써먹을 일이 없어요. 그런 허탈함도 오는 거지요. 지금은 못 가는 상황이 돼버렸지만 그래도 10년 가까이 일하고 나왔는데 밖에서 써먹을 데가 없다는 자체가 그동안 내가 뭐했나 너무 한심스럽기도 하고, 그간에 10년이란 시간이 너무 아까워요. 지금 타일 일 하다가 다치긴 했지만 차라리 10년 전에 타일을 배웠더라면 지금하고 상황이 많이 다르지 않을까 하는 바보 같은 후회도 돼요.

타일을 확 놓지 못하는 이유가 울산에서 직업을 택하다 보니까 정말 할 게 없어요. 계속 생각하면 내가 너무 힘드니까 일정 부분 포기하는 부분도 있고, 그냥 무뎌지는 것도 있고 그래요. 그러다 며칠에 한 번씩 우울감 같은 게 확 올 때가 있어요. 그럴 때는 겁도 나고 해서 일부러 다른 생각을 하기도 해요. 스스로 최면 비슷한 걸 많이 하죠.

산재 관련해서 3개월 연장, 3개월 연장, 언제까지 연장돼서 언제까지 치료 받을 수 있을지는 모르겠는데, 직업(구직) 때문에 스트레스 받는 건 여전히 안고 가야 되잖아요. 지금이야 병원 치료 받으니까 휴업급여라도 지급해주지만 병원 치료를 안 받게 될 때, 그때 다른 직업이 딱 생기는 건 아니잖아요. 그런 부분이 답답하고 화가 나죠. 직업 관련한 부분은 어떻게 해결될 수 있는 게 아닌 것 같고 막연하게 걱정이

　　　　　　　　　　　　　　나. 조선소 노동자

되는 거예요. 솔직히 제가 가진 스트레스의 90퍼센트 정도
가 직업 문제예요.

이 배 나가려면
얼마 안 남았다 이거예요

구술 김오성(가명)

글   최지명

나는 살았지만…

노동절이요? 우리한테는 쉬는 날이 아니었어요. 돈은 그
대로 받고 조금 더 일찍 퇴근한다 정도? 좋은 건 쫓기듯이
빨리빨리는 안 해도 되는 날이죠. 몇 백 명 있다가 한 백 명
정도 있으면 일하기는 좋거든요. 급하게 할 필요도 없고 천
천히 FM대로 하면 되는 거예요. 그런 면에서는 좋았어요.
사고 난 후로는 기억하기 싫은 날, 기억하고 간직해서 앞으
로 이런 일 없도록 해야 할 날이지만 잊고 싶은 날….

(와이어가 떨어질 때) 영화에서는 와이어를 잡는 히어로로 주인
공도 있는데 현실은 그럴 수가 없구나 느꼈어요. 내 옆에 있
는 사람은… 거기 이따만 한 기계가 하나 있었어요. 그 사람
이 거기로 피했는데 와이어가 슉슉, 절묘하게 사람을… 탁
치는 거예요. 이 사람은 대번에 쓰러지고, 스무 살 정도 되
는 어린 사람도 쓰러져서 덜덜덜 떨고 있고. 거기 엄청나게
큰 노란색 파이프가 있었어요. 거기에 와이어가 닿고 크레
인 자체가 닿으니까 쿠우웅 하면서 소리가 울리는 거예요.

제 맞은편에 화장실, 흡연 구역에 있는 사람들이 다 놀랐
죠. 거기서 사람이 많이 다치고 했을 거예요. 와이어 때문
에, 특히 와이어 때문에… 정신 차리고 한 5초 동안 멍하죠
갑자기. 진짜 조용했어요. 저도 얼이 빠져서 멍하게 있다가

재빨리 휴대폰 꺼내서 사진 찍었어요. 막 찍었어요.

그때 제 친구는 막 다른 사람한테 '정신 차려라!' 소리지르고 있고 바로 아래층 천장 바로 위에 우리 팀 사람들이 있었다고 하더라고요. 사람이 널브러져 있는 걸 보고 기겁하죠. '작업이 안 되겠다, 빨리 나가자' '대피합시다' '내려갑시다' 하면서 사람들 다 데리고 나가달라 하는 순간 '으악' 비명 소리가 들리더라고. 제가 담배 피우는 장소로 달려갔어요. 사람을 구하기 위해서… 제가 본 두세 명은 이미 깔려서 미동도 없더라고요. 그때 대변기에 들어갔던 남자가 문을 열고 나오다 바로 코앞에 크레인이 딱 있으니까 자기도 확 놀래죠. 사람들은 쓰러져 누워 있고. 그 근처에 매니폴드,* 그 에어호스도 연결하고 용접가스도 연결하는 배관이 있었어요. 거기서 뭐 새는 소리가 쉬이이익 나니까 누군가 '가스 샌다! 대피해라!' 해서 그 말 듣고 다 대피했어요. 나중에 제가 듣기로는 에어호스에서 나는 소리였어요. 가스가 아니라서 다행이었죠.

사고 현장에서 바로 아래층으로 이어지는 곳이 있는데 많이 좁고 불편해서 잘 안 들어가는 곳입니다. 거기는 족장을

---

* manifold. LPG, 에틸렌, 산소 같은 가스를 여러 사람이 동시에 사용하기 위해 고안된 설비로, 사용하는 가스의 종류에 따라 색상으로 구분한다.

나, 조선소 노동자

타고 내려갈 수 있어요. 그쪽으로 대피했더니 세 명이 앉아 있더라고요. 사고 현장 아래층의 천장에 있었어요. 위층 상황을 모르고 있어서 빨리 대피하라고 말해주고 사람들 물결에 휩쓸리다시피 떠밀려 내려가는 도중에 휴대폰이 없는 걸 깨닫고 왔던 길을 돌아갔습니다. 굉장히 힘들었어요. 수백 명이 밀고 내려오는데 저 혼자 반대 방향으로 가려니 시간이 30분, 40분 걸린 거 같아요. 처음 대피할 때 봤던 그 세 명 있던 데로 돌아가니까 그중에 한 명이 제 휴대폰으로 통화를 하고 있더라고요. 그때까지 대피 안 했다는 게 놀라웠습니다. '그거 제겁니다' 하니 '아! 여기 휴대폰 주인 오셨네요'라고 바꿔주는 거예요. 받아보니 팀장님이더라고요. 뉴스 봤다면서 무슨 일이냐고 물어보셨는데 그다음은 기억이 나지 않아요. 훗날 팀장님께서 말씀하시는데 제가 '사람이 죽었어요. 사람이 죽었어요' 이 말만 중얼거렸대요.

대피 안 한 세 명의 복장이 특이했는데요. 도장하는 작업자들은 대부분 피스복이라고 나일론으로 된 파란색 옷을 입고 다니거든요. 그런데 그 세 명은 부직포로 된 검정색 계열 옷을 입고 있었어요. 제 기억으로는 그 사람들이 성도기업 사람으로 알고 있어요. 성도기업도 하청이잖아요. 근데 그 사람들은 하청의 하청인 거예요. 그때 사고 현장에서 사망한 걸로 추정되시는 분이 그 부직포 옷을 입고 쓰러져 있는 걸 봤어요.

다시 내려오는 데 10분 걸렸을 거예요. 그때까지도 삼성 구조단이 구조하는 걸 본 적이 없고요. 다 우왕좌왕하는 상황이고 올라갈 생각도 안 하고. 동서남북으로 설치해놓은 엘리베이터를 무슨 이유진 몰라도 삼성에서 한 개 철거했는데 남은 세 개 가지고 사람 수백 명을 어떻게 다 실어 날라요. 전부 우르르 내려오는데 누가 올라갈 수 있겠어요. 그 와중에 자기 동료한테 부축을 받고 쩔뚝거리면서 계단으로 내려오는 사람도 있더라고요. 내려오면 저희 팀원들이 모이는 장소가 있어요. 천막 쳐서 만든 간이 휴게소가 있거든요. 그 근처에 있는데 친구도 도착하고 같이 일하시는 아주머니들도 도착해서 '누님들, 괜찮으세요?' 하니까 '우리는 P블록에서 일 안 해서 괜찮다, 무슨 일이고? 크레인 넘어가 있더라' 하시길래 사람이 죽었다 하니까 '아이고야, 우짜면 좋노' 하면서 안타까워하더라고요.

그러다 집사람과 통화를 했어요. 딴 말 안 하고 '내 살았다' 이 말 했거든요. 그때 집사람이 둘째를 임신하고 있었는데 울고불고 난리가 난 거예요. 사망 사고 났다는 뉴스를 보시고 장모님이 집사람한테 전화를 한 거예요. '김 서방한테 무슨 일 있는지 모르겠다.' 뉴스가 바로 났어요. 나중에 퇴근할 때 길가에 보니까 정문 바로 앞에 JTBC 팀 와 있고,

나, 조선소 노동자

KBS 사람들도 있더라고요. 와이프랑 통화하면서 그때서야 눈물이 나오더라고요. 뉴스에서는 나이 좀 있으신 분이 '아까 전만 해도 나랑 얘기하고 웃으면서 갔는데 걔가 죽었다'고 인터뷰 나오고…. 제 친구는 심하게 울더라고요. 퇴근하라 해서 숙소로 돌아왔죠. 친구랑 원룸 구해서 같이 지내고 있었거든요. 돌아오는 길에 우황청심환 사 먹고….

그때부터 악몽이 시작됐죠. 계속 잠 못 자고. 자더라도 악몽 꾸고. 더 심해지니까 태양이 떠오르는 거 보고서야 잠이 들고. 나중 되니까 해가 떠오르는 거 보고 '아, 내가 살았구나' 하고 잠이 든 것 같아요. 그날 밤 거의 못 잤어요. 평소 우리끼리 술 많이 먹고 다음 날 못 일어날 정도로 숙취가 심할 때 '시체 놀이'라 하는데, 술 안 먹고도 그랬어요. 누워서 아무 말도 못하고… 아무 말도 못했어요. 제 친구는 5월 1일 날 출근 안 했다고 부모님께 거짓말을 하더라고요. 부모님 걱정하실까 봐.

자부심이 무너지다

다음 날부터 통화를 많이 했는데 반응이 다 달랐어요. 이런 일이 왜 일어났는지 억울해 죽겠다는 사람들도 있었고요것 때문에 공사 기간 연장되니까 돈 벌 수 있는 찬스라고 하는 사람들도 있었어요. '흘러가는 대로 지나갈 뿐이다. 사고 한두 번도 아니고' 하면서…. 거기서 제 신념이 확실히 무너졌어요. 그전엔 그나마 삼성이 안전하다, 굳이 노조가 없더라도 알아서 챙겨준다는 이미지가 있었거든요. 10년 가까이 조선소 일을 하면서 대우도 다녀보고, 삼성중공업도 다녀보고, 통영에도 다녀봤으니까요. 저는 그래요, 배에서 내려와도 안전모는 벗으면 안 된다는 원칙 같은 게 있거든요. 언제 뭐가 날아올지 모르니까.

2009년도쯤에 발판이 무너지면서 의자하고 내가 동시에 추락했다가 운 좋게 의자 사이에 손이 확 끼어서, 의자에 한 5분 매달려 있어서 살았던 사고 경험이 있어요. 팔에 피가 안 통해서 죽을 지경이었는데 마침 지나가는 아저씨 세 분이 교대로 도와서 의자를 빼냈지요. 손목에 부상을 입어서 며칠 일 못 나갔어요. 병원에서 치료하고 나서 회사에 치료비 달라니까 못 주겠다 하더라고요. 그런 일을 겪고 나니까 안전 문제에 많이 민감했죠. 근데 우리 머리 위로 흔히 왔다 갔다 하는 크레인이 무너질 거라고는 꿈에도 생각 못했죠.

10일 동안 작업 중지 후에 복귀를 했는데 그때 많이 힘들었어요. 오히려 돈을 못 벌더라도 저러면 안 되지, 너무 일찍 풀어준 게 아닌가 생각했어요. 그 사건 뒤에도 그 블록 주위에 불나고, 사람 추락하고, 엘리베이터 추락하고, 사고들 여럿 있었거든요. 엘리베이터 추락 이야기가 나와서 하는 말인데 크레인 사고가 난 마틴링게 옆에 요한 블록이라고 있어요.* 크레인 사고 후 요한 블록에서 엘리베이터 추락 사고가 났습니다. 엘리베이터 안에 있던 작업자들이 많이 다쳤어요. 문제는 사고 후속 조치로 나온 대책이 '삼성중공업 전 야드 엘리베이터 사용 금지'였다는 겁니다. 15층 아파트 꼭대기를 온종일 계단으로 오르락내리락한다고 생각해 보세요. 이것도 대책이라고 내놓은 게 자칭 초일류 기업이라는 삼성중공업의 민낯입니다. 그리고 엘리베이터 사고 부상자들 치료비를 협력업체로 다 떠넘겼다고 하더라고요. 어떻게 아냐고요? 안전교육 시간에 총무부장에게 직접 들었습니다.

삼성에 들어오기 전에는 '작업 공정이 굉장히 까다롭다' '먼지 하나 있어도 검사 안 내준다' '자신 있으면 삼성 들어가 봐라' 해서, 내 실력으로 들어가서 할 수 있을까 싶어서 오히려 삼성에 들어가기가 무서운 거예요. 그러다 우연찮게 들어가게 되었는데, 진짜 개판인 거예요. 도장 작업이랑 용접 그런 화기 작업은 동시에 진행하는 건 본래 불가능해요.

---

* 삼성중공업이 수주해 건조 중이던 요한 스베드럽 P1 플랫폼.

그런데 저는 밑에서 페인트 바르고 있는데 꼭대기에서 용접을 해요. 불똥이 확 떨어지고.

이 배 나가려면 얼마 안 남았다 이거예요. 일주일 남았다 하면서. 물론 다른 조선소들보다는 사람들이 밖에 나가서 쉬더라도 안전모 쓰고 있는 사람이 더 많고 질서도 비교적 잡혀 있는 편이었어요. 하지만 혼재 작업이 비일비재하게 일어나니까 여기도 마찬가지다 싶은 거예요. 들어온 지 한 달 만에 알았는데요, 뭐.

2년 전에, P블록 바로 옆에 U블록이라고 있었어요. 제가 받은 오더는 여기를 신나로 깨끗하게 닦으라는 거였어요. 클리닝을 하라 그랬어요. 클리닝하고 있는데 옆에서 뭐가 푸식푸식거려요. 용접을 하고 있는 거예요. 쇠핀 이만 한 걸 기계에 넣어서 딱 찍으면요, 빠직 하면서 한 방에 용접되는 게 있어요. 쇠핀이 따다닥 걸려 있어요. 나중에 여기다가 보온재를 끼워서 이걸 딱 제끼면 안 떨어지게 그런 역할을 하는 거죠. '용접하믄 안 되는데' 하니까 '예? 저도 지금 오더 받고 하는 건데' 카는 거예요. 그거 뭐지? 종이… 아, 작업허가서. '작업허가서 있어?' 카니까 자기도 작업허가서 있다는 거예요.

제가 그때 신나 걸레를 비닐 봉지 통으로 들고 있었거든요. 안에다 신나를 부어가지고 걸레를 집어넣고 첨벙첨벙

하는 거예요. 거기에 용접 불꽃 튀면 큰일 나요. 실제로 불이 났어요. 제가 발로 밟았죠. 근데 안 꺼지잖아요. 안 꺼져 가지고 바로 앞에 소화기가 없어서 위층에는 있는 게 기억나서 올라가서 가지고 온 소화기로 바로 껐어요. 그때 그걸보고 안전요원도 뛰어와서 확인했어요. 제가 큰불을 막은 거잖아요. 그러면 저는 당연히 '잘했다, 신속하게 잘했다'할 줄 알았어요. 그런데 저한테 욕을 하는 거예요. 내보고불이 왜 났냐 이거예요. 저희 회사 소장이고 뭐고 다 불러들였어요. 그러면서 '이번 일은 없었던 일로 그냥 덮겠다' 그래요. '덮겠다, 앞으로 이런 일 없도록 합시다' 하면서 저를 까는 거예요. 저는 얼굴에 그을음 다 올라오고 코 안에 그을음 다 들어가서 거의 절반 이상이 시꺼매져 있었거든요. 괜찮냐 묻는 것도 없고 그냥 딱 쳐다보드만 '자네는 화장실 가서 씻어라, 꺼멓다.' 그래요. 참내. 코를 풀어도 계속 나오고 가래를 뱉어도 계속 나오고 그을음 나오는 기 한 이틀 갔을거예요.

그런 게 얄미운 거예요. 말로는 안전을 그렇게 강조하면서 납기일에 쫓긴다 싶으면 위에서 용접하고 밑에서는 페인트 바르고, 그러다 사고 나면 일하는 너그들 책임이다 하고. 우리가 페인트 바르려고 오는데 용접하고 있으면 작업자들끼리 싸워요. 위에서 이렇게 지시를 내려놓고는. 언제 끝나냐 물어보면 오늘 저녁까지 한다고 하고, 그럼 우리는 우리 일 언제 하냐 이래 되는 거죠. 싸우게 되죠. 탱크 안에서 불 나는 이유도 다 그거예요. 불이 왜 나는데.

도장, 용접만 혼재 작업 있는 게 아니고, 샌딩하고 도장하고 있을 때도 있어요. 샌딩 얘네들이 작업을 밤마다 해요. 도장 야간 작업하러 가는데 갑자기 먼지가 최악 몰려오는 거예요. 갑자기요. 한 치도 안 보여요. 급해가 뛰어나가 보니까 샌딩 치고 있는 거예요. 우리 팀 형님 한 방 맞았잖아요. 우리가 있는 것도 모르고 쐈다는 거예요. 얼굴에 맞았거든요. 문제는 또 하얀색 페인트를 발라놓고 마르지도 않았는데 그게 날아오잖아요. 다음 날 되면 먼지인지 페인트인지 몰라요. 도색칠갑이 되어 있어요. 다 긁어내고 새로 해야 돼요. 그런데 도장 감독관은 손으로 탁탁 치면서 '왜 이캤는데' 이랍니다. 팀장님한테 전화해서 지금 샌딩 작업 하는데, 도저히 몬 하겠다 하면 팀장님이 한숨을 하아 쉬죠. 같은 회사 사람이에요, 같은 회사 사람들끼리 그런 작업을 동시에 시작하니까 할 말이 없는 거예요.

공정 기간이 넉넉할 때는 철저히 시키거든요. 점점점점 개판으로 변하는 거예요. 그 와중에 크레인 사고 나서 무너졌죠. '안전삼성' 무너졌죠. 쪼는 거죠. 빨리빨리 하라고. 그거 아니면 그렇게까지 무리했다고 생각 안 해요. 저는 좀 느

나, 조선소 노동자

릿느릿하고 일할 때는 최대한 꼼꼼하게 하려고 했고 작은 거라도 책 잡히지 않으려고 그랬거든요. 소용없죠. 일은 꿀 벌들이 하고 꿀 먹는 놈은 삼성이고. 돌아오는 게 있어야죠, 하나도 없는데요.

그래도 전에는 나름 자부심도 있었어요. 삼성에서 일한다는 자부심이 있었거든요. 그래서 삼성 작업복 있으면 출퇴근용을 따로 구분해놨어요. 그런 사람들 있을 거예요. 깔끔하게 다려 입고 출퇴근하고. 초기에는 제일모직에서 그걸 납품해왔어요. 원단도 정말 좋은 거예요. 6년, 7년 됐는데 저희 집에 아직 고대로 있어요. 제가 두 벌 가지고 있었거든요. 심지어는 집사람이 첫애 임신하고 한 8개월 되었을 때, 시내 나가가지고 저는 그 옷 입고 사진 찍었어요. 내 본 직장은 아니지만 가슴 한편에 삼성이라는 마크가 붙어 있으니까요. 그 정도까지 자부심이 있었어요. '나는 기술자다' 이런 것도 있었고 '내가 만든 배다' 이런 것도 있었는데.

인간 소모품 취급

복귀하고 나서 잠도 잘 못 자고 일을 많이 빠졌어요. 처음에는 P블록 주변에서 일을 했어요. 참담했어요. 아무래도 눈에 자꾸 띄죠. 결국 사건 현장 바로 아래까지 다녔거든요. 사고 난 곳 페인트를 다 새로 해야 하잖아요. 사고 바로 직전에 바닥에 페인트 바르는 작업이 있었어요. 바르다가 페인트를 다 써서 손톱만큼 못 바른 채로 남은 데가 있어서 '내일 새빨갛게 녹이 올라올 건데 아, 어떡허지' 했던 자리였는데,* 가 보니까 진짜 녹슬어 있더라고요. 한 달 뒤에 들어간 건데 당시에 대피한 흔적이 고대로 남아 있더라고요. 먼지는 쌓였지만 작업하다가 탈출한 사람 깡통도 있고, 페인트 한 통은 그대로 굳어 있고, 뭐 널브러져 있고, 위를 보니까 천장 페인트칠은 들떠 있고.

나중에는, 그 현장에 들어가라고 시키더라고요. 안 할 수가 없죠. 하기 싫다 해도 시키는데요 뭐. 살아남아가지고 억지로 일하는 사람들한테 배 기일 맞춰야 된다고 쉬는 날도 다 나오라고 그래요. (하청)회사 측에서 그렇게 하는 건데 그 압박을 삼성 측에서 주는 거잖아요. 친구는 아파서 이틀 앓아누워 있다가도 전화가 오면 일을 나가데요. 안 나간다고 하면 앞으로 일을 계속 못 하니까, '싫으면 나가라' 이럴 거니까.

복귀하고 나서 어이없는 일 많았어요. 휴업급여도 다 못

---

* 도장되지 않은 노출 부위는 바닷바람에 쉽게 부식된다.

나, 조선소 노동자

받았어요. 더 웃긴 게 다른 하청회사보다 많이 줬다고 그다음 달에 도로 빼갔다니까요. 삼성에서는 회사 측에다 휴업급여 다 줬다 얘기하죠. 그게 사실이면 하청 사장이 돈 떼먹고 도망갔다는 얘기예요. 떼먹고 도망갔다는 소문도 있어요. 우리는 일당제인데 시급제로 신고해서 상여금 같은 거 중간에서 다 해먹었다는 얘기가 있어요. 돈이 어떻게 흘러갔는지 압수수색해야 된다니까요. 삼성에서는 사람 수, 인원대로 돈을 주니까 우리 임금 잘린 거 모를 수도 있어요. 하청(회사)에서 챙길 것 다 챙겨가면서 우리는 임금 깎이고, 압박은 우리가 힘들게 다 받고 위에 있는 놈들은 중간에서 다 해먹는 거예요. 그거는 확실한 거 같애요.

보호구나 소모품도 중간(하청업체)에서 떼먹고 안 준다는 말이 있었어요. 우리 일은 하다 보면 아무래도 무릎을 많이 다쳐요. 쇠 위를 기어다니고 쪼그리 앉아가 해야 되고 구석에 들어가서 해야 되니까 무릎을 항상 쓰는데 무릎보호대도 없다 하는데요 뭐. 친구가 처음에 무릎보호대를 못 받았어요. 원래 안 준대요. 기존에 있던 사람들은 쓰고 있는데 친구는 나중에 들어왔으니까 없대요. 기본은 있어야 되잖아요. 판이 뾰족하게 올라온 곳도 있고 그런 데 무릎을 찍어서 친구는 무릎 나갈 뻔했거든요. 며칠 동안 병원도 다녀왔어요. 쇼핑몰 들어가서 무릎보호대 검색까지 해봤는데 많이 비싸더래요. 애들 쓰는 만 얼마, 2만 얼마 그런 거는 못 쓰잖아요. 쓸 만한 건 10만 원 가까이 되는 거예요. 나중에는 제가 오래 일한 행님한테 '하나 어찌 좀 안 되겠습니까' 해서 얻어서 친구 줬어요.

한 달 31일이잖아요? 그럼 붓을 최소 40개는 써야 돼요. 같은 페인트라면 같은 붓 쓰지만 다른 페인트면 페인트마다 다른 붓을 써야 돼요. 그런데 붓도 열 개 주고요. 롤러대라고 딱 붙이는 그것도 열 개 주고. 넓은 부분을 쪼끄만 붓으로는 못 하잖아요. 그래서 안 쓰는 붓대 모아서 여러 개를 합쳐가 테이프를 감았어요. 삼성 측에서는 회사에 우리 임금과 따로 재료비를 준대요. 삼성 쪽에서는 다 줬다고 얘기하거든요.

열받는 게 또 뭐였냐면요. 잊을 만하면 설문조사한다고 어디 모이라 카고 또 한 달 지나서 잊을 만하면 전화 오고, 이런 걸 안 했으면 더 빨리 괜찮아지지 않았나 하는 생각에 그때는 막 화가 나고 악감정만 자꾸 생긴 거예요. 투입되기 전에는 식당에 다 모여서는 무슨 교수님인가 와서 '사건 본 사람 있습니까, 손 들어주세요' 하면 손도 들고, 상황이 어떤지 얘기도 해주고, 어떤 의사는 와가지고 공황장애라든지 정신적인 문제 설명해주더라고요. 어이가 없죠. 그걸 왜 했는지도 모르겠어요. 사고 난 지 한 달 지나서 하면 뭐 하겠노. 소용이 없는데. 거기다가 설문을 하는데 이거를 잘못 쓰면 우리 회사한테 피해가 간다고 이야기를 들었어요. 팀장님이 그랬죠. 항목 체크할 때 조심하라고. 그 말 한마디로 알잖아요. 주위 사람들도 '그냥 괜찮다고 해' 하고. 그런 설문에 예스, 예스 있으면 회사가 문젯거리가 된다는 거예요.

나중에 전화가 왔어요. 보건소에 지금 여러 대처 방안이 마련되어 있으니 한번 가보실 거냐고. 제 친구도 보건소에서 전화가 왔대요. 간다고는 했는데 막상 근무 빼는 거 눈치 보이거든요. 보건소가 불러서 가는 건데도 내 개인사로 근무 빠질라 하는 것처럼 뭐라뭐라 하거든요. 그래서 '보건소에서 사무실에다가 공식적으로 전화를 해달라, 저랑 제 친구 이름, 사무실에 딱 말해주고 보건소 와야 되는 사람이라고 전화해달라' 해갖고 회사 허락받고 갔어요. 친절하기는 친절하죠. '다음에 오시면 정신과 선생님 계실 거예요. 다 얘기하면 되실 거예요' 하더라고요.

다음에 가니까 정신과 의사 선생님은 근본적으로 치료가 필요하면서 자기 있는 병원으로 오래요. 근데 병원 위치가 상당히 먼 거예요. 멀어서 가기 어렵다 하니까 다른 병원에 가도록 뭘 써주신대요. 그래서 제가 '그럼 병원비는 누가 줍니까?' 하니까 그러데요. '그건 저도 모르죠.' 보건소 직원에게 물어봐도 모른대요. 위에서 내려오는 게 없대요. 무슨 4

단계, 5단계 대책 준비도 없이 사람을 부르나 했어요.

후에 회사 부장님이 부르더라고요. 치료를 받으면 병원비는 주겠다, 영수증만 갖다주면 월급에 포함시켜주겠다 그래요. 근데 제가 '알겠습니다' 하니까 '웬만하면 안 가는 게 낫지 않냐?' 하는 거예요. 그런 거는 극복할 수 있다는 말이 느낌상으로는 '그런 거 알아서 못 고쳐가지고 병원을 다니냐'는 것 같았어요. 알겠다 해놓고도 고민을 많이 했어요. 팀장님 얘기로는 병원 갔다가 불이익 당한다 그러더라구요.

시간 질질 끄는 와중에 회사에서 전화가 또 온 거예요. 1~2주 지난 걸로 기억해요. 아침에 현장 출근하지 말고 바로 사무실로 오래서 갔더니 이래요. '우리가 삼성 측에 피드백을 보내줘야 된다, 너네들 치료가 의미가 없다, 치료 안 받아도 된다, 맞잖아? 니 지금 치료 안 받잖아? 앞으로 치료 받을 생각 있나?' 자신 없이 '없습니다' 하니까 또 그래요. '삼성 측에서 요구하는 거니까, 팩스를 보내줄 수밖에 없다. 내가 너를 회유해서 치료 안 받겠다고 한 거면 안 되니까, 자필로 적어달라.' 적었죠. '치료 같은 게 의미가 없고, 필요성을 못 느낀다.' 불러주는 그대로 적었죠. 같이 있던 친구는 왜 안 왔냐고 묻길래 쉬는 날이라 했더니 무조건 나오게 하래요. 잠자는 사람 깨워가지고…. 친구는 자전거 타고 와서 적고 다시 돌아갔다 하더라구요.

삼성한테 책임을 지라고 얘기하고 싶어요. 삼성 입장에서는요. 뭐랄까… 우리가 발밑에 걸리는 가시인 거예요. 걸을 때 걸리적거리니까 쏙 빼 없애버리기만 하면 좋겠다 싶은. '쟤네들만 아니면 그런 사고 책임 안 지고 수월하게 회사 운영할 수 있을 건데' 하는 그런 존재…. 우리를 그리 생각할까 봐 속상하죠. 우리는 그냥 인간 소모품인 거죠.

'심각하게 말하는 건데, 형, 병원에 진짜 가봐라'

과격해졌죠 상당히. 길 가다가 자동차 크락션 소리라든지 큰소리에 많이 예민해졌어요. 나도 모르게 욕이 나와요. 엘리베이터라든지 지하철이라든지 줄 서 있는데 나이 든 노인이 새치기할 때, 전에는 그냥 넘어갔거든요. 지금은 그게 용납이 안 돼요. 왜냐하면 삼성 크레인 사고도 지킬 것 안 지키다가 사고가 났기 때문에….

그날 바람이 많이 불었어요. 그걸 어떻게 아느냐면 도장공들은 항상 피스복을 입는데, 말은 통기성 좋다지만 사실 바람이 잘 안 들어와요. 그런데 그날은 바람이 시원했어요. 답답한 피스복 입고 일하기에 좋았을 정도로 바람이 성성 부는데 크레인을 들어올리다가… 바람이 심하게 불면 물건을 올리면 안 된다는 게 있어야 되는데 그런 게 어딨어요? 바쁘면 막 막 밀어붙이는데요. 삼성이나 대우나 차이 없어요.

작은 거에도 많이 민감해지더라고요. 부부싸움도 자주 일어났어요. 너무 싸우니까 경찰 출동한 것도 몇 번 될 거예요. 그리고… 애들한테도 소리 지르고. 심지어는 아이들한테 해코지할까 봐 스스로 불안한 거예요. 왜 이러냐는 생각이 들죠. 나한테 내가 말해요 '왜 그래.' 화를 확 냈다가도 돌아서면 후회하거든요. '쪼끔만 참을걸. 애가 보고 있는데, 쪼끔만 참을걸.' 근데 내 맘대로 안 되더라고요.

집사람도 처음에는 담담하게 받아들이는 것 같았는데 시간이 흐르니까 언제까지 비위를 맞춰줘야 되냐 함서 화를 내더라고요. 집사람은 둘째 임신한 상태였고 큰애는 어린이집 다니고 있으니 자기가 돌봐야 할 사람이 많잖아요. 저까지 그리돼 있으니까 집사람은 절망까지 갔었다고 생각돼요. 자기가 맞춰줘도 제가 항상 멍하니 있으니까 많이 힘들었죠. 애가 없었더라도 맞춰주기 힘들었을 거예요. 제가 오히려 예민하게 나왔으니까요. 회사도 나 같은 일개 일꾼은 잡부처럼 생각하는데 너까지 그러냐는 식으로…. 집사람은 지금도 이해 못하죠. 나도 모르게 한번씩 화를 심하게 내뿌면 굳이 그걸 꼭 소리까지 질러대면서 화를 내야 되겠냐고 해요.

부부싸움이 정말 심하게 난 날이 있었어요. 애가 옆에 있든 없든 간에 때려 부수고, 집사람이 경찰에 신고하고, 마침 경찰 오기 전에 제 동생이 먼저 도착했어요. 집사람이 전화를 한 거죠. 동생이 저를 말리면서 그래요. '이건 아니다. 심각하게 말하는 건데 병원에 진짜 가봐라, 정신과. 그런 거 마음의 감기라 하더라. 가봐라, 가봐라.' 경찰이 임시조사를 하려고 할 때 동생이 형님이 많이 진정돼서 괜찮은 것 같다고 경찰 돌려보내고 저를 데리고 드라이브를 했어요. 만두도 사 먹고 하면서 생각하게 됐죠. 이거는 내 모습이 아니다 싶어서 동생의 강력한 권유 때문에 가게 된 거예요. 그전에도 가고 싶다는 마음 여러 번 있었어요. 그래도 가지를 못하고… 용기도 없었고… 약을 먹는다든지… 하는 게… 부담감도 있었고요. 약물 치료로 내가 나아질 수 있나? 꼴랑 약 한 알 먹어 나을 수 있는가? 그래도 안 묵는 것보다는 낫겠다 싶어가지고 병원에 가게 된 거지요. 처음 3주는 약 효과가 있었어요. 이제 일하러 가도 되겠다는 생각도 좀 올라오고. 그런데 먹을수록 생각 외로 약 효능이 썩 좋지는 않았어요. 하지만 이 약마저 끊어버리면 내가 더 난폭해질 것 같아서… 나락으로 떨어지면 안 되잖아요.

밤에 잠 안 올 때 동네를 많이 돌았어요. 여름이 아무리 더워도 밤에는 차가워지잖아요. 숨을 깊게 들이쉬었다가 내쉬면 입김이 생기거든요. 그때 내가 '아, 살았네' 해요. 죽은 사람은 숨 쉴 수가 없잖아요. 계속 움직이면서 몸이 점점 차가와지는 것을 즐겼던 것 같아요. 다리 아픈 통증도 느끼고. 살아 있으니까 느끼는 거잖아요. 돌고 오면 기분은 좋아졌어요. 초저녁 때 나갈 때는 아들한테 아빠하고 운동하러 나가자 해서, 강가에 가면 오리들이 있거든요, 걔들이 머리가 있다 보니까 사람들이 접근하면 뭔가를 준다는 걸 알고 와요. 그럼 식빵도 휘 던져주고. 이제는 애가 안 따라가죠. 허허.

증상 중에 하나가 굉장히 귀찮아요. 정말 귀찮아요. 병원 가기도 싫은 거예요. 밥 먹는 것도 귀찮아서 안 먹게 돼요. 마시는 거에 집착을 하더라구요. 콜라나 사이다는 식도가 막 따가우면서도 청량감이 많잖아요. 어저께도 사이다 한 병 샀는데 한 자리에서 3분의 2를 먹었어요. 가슴팍에 뭐가 있는 듯한 느낌이 드는데, 언제 다 내려갈까요? 죄가 있는 사람은 확실히 처벌을 받아야지요, 그래야 끝나지요.

달라진 거 하나도 없이

올해 5월 1일 가까이 되니까 사람들이 어떤 생각을 가지고 있는가 생각나서 거제도 카페에 들어가봤어요. 5월 1일 사고에 대해서 글이 서너 개 올라와 있어요. 한 개 글에만

'명복을 빈다, 이런 사건이 있다는 게 아직까지도 믿기지 않는다, 다시는 있어서는 안 된다, 지금은 어찌 잘 해결되었는지 모르겠다' 같은 내용으로 열 개 안쪽으로 댓글이 좀 달려 있고 나머지 글에는 댓글이 하나도 없어요. 보고 지나치는 거예요. 이미 지나간 거 괜히 들춰내는 건 아닌가 생각도 하겠지요. 관심이 없겠죠.

저는 그게 너무 속상해요. 사람들이 세월호에 대한 생각과 관심의 백 분의 1만 있었으면 5월 1일 사고에 대해서도 추모를 했을 거라는 생각이 들더라고요. 여기 5월 1일 사건은 언제 그런 일 있었냐는 듯이 덮을라고 하는 걸 보니까 너무 화가 나더라고요. 이런 사고가 다시는 일어나지 않도록 시스템을 개선을 한다든지 외부 사람을 초청하고 지원을 받아서 개선한다든지 해야 될 텐데⋯. 부양가족이 있는 가장들이 사망한 사고가 난 거잖아요⋯.

이런 문제를 상세하게 남겨서 두 번 다시 이런 일이 없도록 목소리를 내야겠다 싶었어요. 1년 뒤에 산추련에서 기자회견을 했지만 노력에 비해서 뉴스에 나오는 빈도가 너무 적었어요. 한동안은 네이버 메인 검색창에 '삼성중공업'만 쳐도 뒤에 '크레인'이 관련 검색어로 떴거든요? 지금은 안 떠요.

저는 전에는 금속노조 별로 안 좋아했었어요. 쌍용차 파업 사태라든지 금속노조가 요구하는 사항이 공감 가는 것도 있지만 어거지도 있는 것 같았거든요. 노조가 없는 게 더 낫지 않겠나 생각했었거든요. 삼성을 모델로 해서 그랬어요. '노조 필요 없다, 삼성이 다 챙겨줄 거다.' 근데 크레인 무너지고 그 난리가 나도 노사협의회에서는 꿈적도 안 했어요. 병원에도 한 번도 안 왔대요. 이런 일이 벌어졌으면 '이리 해결해나가자, 분담해가지고, 모아가지고 부상자들 도와주자', 아니면 다른 뭐라도…. 아무것도 없어요. 원래 노조 이미지 별로 안 좋았는데 '아, 여기는 노조가 필요하겠다' 싶었어요.

같이 일했던 친구가 요새 이력서를 넣고도 거기서 '내일부터 출근 가능하십니까' 하면 '아, 일을 못하겠구나' 이런 느낌이 든대요. 우리 같은 노동자들은 어딜 가나 그 틀에 맞춰야 될 긴데 부조리한 현상 같은 거 여기 이 지역에도 많거든요. 그래서 '아, 딴 데 들어가기로 했다' 카는 식으로 말하게 된대요. 자신감도 많이 떨어지고. 제가 부르면 나와도 딴 친구가 부르면 밖엘 안 나간대요. 동질감이라고 해야 되나, 서로 그걸 아니까, 그 이야기를 아는 사람이 나밖에 없으니까. 저도 그래요. 사람하고 잘 어울리지 못할 것 같아요. 버럭거리게 되니까 사람하고 대면하는 게 가장 혼란스러워요. 사람도 믿기 어려워요. 다 싫은 거예요. 일자리를 구한다 해도 적응할 수 있을까.

진짜 실망 많이 했어요. 진짜 내 수준이 이것밖에 안 되는 가? 하얀 옷을 입고서 먹물을 제 스스로 뿌리는 것 같아요. 먹물 자체가 그거 같애요. 나에 대한 실망, 좌절감.

안전이라는 정당한 권리를 위하여

이은주(마창거제 산추련 상임활동가)

나는 노동자가 죽지 않고 다치지 않고 병들지 않고 일할 권리를 위해 활동하는 단체에서 25년 동안 활동해왔다. 1990년 현장 노동자들의 자발적인 모임인 '일하는 사람들의 건강을 위한 모임(일건)', 1991년 '노동자 건강을 위한 모임(노건)'이 창립되었고, 1995년 노건과 일건이 통합한 뒤 1998년 마산·창원 거제 산재추방운동연합으로 조직이 개편되었다. 노동자의 건강은 노동자 스스로 지켜야 한다는 것이 설립 정신이었다.

내가 활동을 시작한 첫해에 부산 한진중공업에서 화재 폭발이 발생해 노동자 열아홉 명이 사망한 사고가 있었다. 내가 처음으로 마주한 주검은 컨베이어벨트에 말려들어가 온

몸이 짓이겨진 채 사망한 노동자의 것이었다. 그리고 세월이 25년 흐르는 동안 노동자의 죽음의 행렬은 멈추지 않았다. 그리고 또 사고가 일어났다.

2017년 5월 1일 14시 52분. 경남 거제시 장평3로 80 삼성중공업 거제조선소 7안벽 조립장. 프로젝트 번호 7115, 마틴링게 프로세스 모듈 건조 현장.

5호기 8백 톤 골리앗 크레인과 32톤 지브형 크레인이 충돌해 지브 크레인이 낙하했다. 크레인이 떨어진 메인데크 위에는 백여 명 가까운 노동자들이 있었다. 작업 검사를 받기 위해 대기 중이던 사람, 다음 작업을 위해 준비 작업을 하던 사람, 변변치 않은 흡연 장소에서 잠시 휴식을 취하던 사람, 화장실 앞에 줄을 서 있던 사람… 크레인은 바로 그 위로 무너져내렸다. 크레인에서 끊어져 나온 와이어가 데크를 쓸고 갔다. 한두 걸음 거리로 죽음과 삶이 나뉘었다. 이 크레인 낙하 사고로 노동자 여섯 명이 목숨을 잃었고, 스물다섯 명이 다쳤다.

이 사건을 마주하고 정말 머리가 하얘지고 몸이 얼어붙는 것만 같았다. 한 달 뒤인 6월부터 크레인 사고 피해 노동자 상담이 시작되었다. 이들의 산재신청서를 정리했다. 오탈자

교정도 없이, 말 이음도 없이 그대로 옮겼다. 이들의 글에 손을 대면 안 될 것 같았다. 읽기 좋게 정리하는 것조차 훼손하는 것처럼 느껴졌다. 당사자의 목소리로 옮겨진 그날의 모습은 나로서는 감히 상상할 수 없을 만큼 처참했다. 짓눌리고, 부러지고, 갈라지고, 터지고, 잘려나간 현장이 활자로 재현되었다.

두려움이 엄습해오기 시작했다. 잠자리에 누워 있으면 크레인에서 끊어진 육중한 와이어가 활선이 되어 내 몸과 마음 여기저기를 휘갈기는 것처럼 고통스러웠다. 파편이 되어버린 사고 현장처럼 노동자들도 몸과 마음은 상처로 파편조각이 되어버린 것 같았다. 얼마나 깊은 고통이면 스치는 나에게도 이토록 통증을 느끼게 하는 것일까, 그 깊이를 헤아릴 수 없었다.

이윤보다 노동자의 생명이 우선되어야 한다고 늘 주장해왔다. 노동자 스스로 자신의 생명을 지킬 수 있는 권리를 확장하는 활동에 힘을 쏟으려 노력해왔다. 그러나 또 다시 반복된 잔인한 죽음 앞에서 자괴감이 커져갔다.

산재 직업병의 백화점이라 불리는 죽음의 조선소

조선업은 각종 선박의 건조, 수리, 해체, 해상 구조물 제작, 조선 기자재를 제조하는 산업을 가리킨다. 조선소의 공정은 대강 이렇게 이루어진다. 강재(철판)를 하역한 후 전처리 작업을 거친다. 거대하고 육중한 철판은 몇 백 톤의 힘이 가해지는 프레스, 몇 천도의 열이 가해지는 절단, 곡직 등의 가공 작업이 진행된다. 다음으로는 조립 작업으로 이어진다. 수백 수천 조각으로 절단된 철판을 용접으로 이어붙이는 작업이 반복된다. 소조립된 철판은 다시 조립하는 대조립 과정을 거친다. 그렇게 만들어진 블록들이 연결되는 탑재 과정을 거치면 선박 등의 모양을 갖추게 된다. 조립 과정 전후로 의장 작업, 즉 선박 등이 제 기능을 하기 위한 파이프나 배선, 장치 들을 채우는 작업이 진행된다. 이 작업들을 마치고 나면 마무리로 도장 작업이 진행된다.

어떤 위험에 노출될 때 그곳을 벗어나려는 것은 사람의 본능이다. 그런데 조선소 노동자들에게 제일의 안전 수칙은 따로 있다. 바로 '뛰면 죽는다'는 말이다. 조선소 온 천지에 위험이 상존하므로 뛰다가 도리어 더 위험해질 수 있기 때문이다. 조선소 노동은 무거운 것들을 옮기는 작업과 높은 곳(고소)에서 행하는 작업이 대다수를 이룬다. 용접이나 도장처럼 화재나 폭발할 위험 또한 늘 도사리고 있는 작업도 허다하다. 큰 배는 구조가 복잡하기 때문에 좁은 공간 안에 몸을 구겨 넣어가며 일을 해야 하는 경우도 많다.

그래서 조선업의 위험 유해 요인으로 꼽는 것은 일일이 열거하기 힘들 정도다. 충돌, 낙하, 붕괴, 협착, 전도, 폭발, 소음, 무리한 동작, 유해광선, 감전, 분진, 산소 결핍 질식, 유기용제…. 조선업은 산재 직업병의 백화점이라고 불릴 만큼 위험성이 널리 알려져 있다. 죽거나 다치거나 병드는 것은 조선업 노동자라면 피할 수 없는 숙명처럼 여겨져왔다.

실제로 2007년부터 2017년 9월까지 조선업에서 업무상 사고로 사망한 노동자는 324명이다. 한 달에 두 명이 넘는 노동자가 사망한다. 공식적인 보고로 잡힌 숫자만 이렇다. 그리고 이 중 257명이 하청 노동자다. 조선소에서 사망한 노동자의 80%가 비정규 노동자다. 그리고 2016년 조선업의 재해율은 0.83로 전 산업 평균 0.49의 1.7배 수준이다. 사망만인율*은 전 산업 평균 0.53에 비해 두 배 높은 1.09다.

1995년 부산 한진중공업에서 노동자 열아홉 명이 불에 타 죽는 사고가 발생했을 때, 사고의 참혹한 실상과는 달리 제

---

* 사망자 수의 1만 배를 전체 노동자 수로 나눈 값으로, 전 산업에 종사하는 노동자 중 산재로 사망한 노동자가 어느 정도 되는지 파악할 때 사용하는 지표다.

나. 조선소 노동자

대로 된 사후 처리가 이루어지지 않았다. 사망자 열아홉 명은 모두 비정규직이었다. 그렇기 때문에 노동자들이 죽지 않고 병들지 않고 일하자는 외침이 조직적으로 시작된 것도 바로 조선업이었다. 이러한 조선업의 현실을 더 두고 볼 수 없었던 노동자들이 잔인한 죽음을 멈추어야 한다고 거리에 용접복과 도장복을 입고 나선 것이었다. 그러나 20년이 지난 지금 현실은 달라진 것이 없다.

자연사가 아닌 죽음, 그 장례식장의 분위기는 늘 생경하다. 산재추방운동연합이라는 단체에서 활동하면 장례식장을 수없이 찾게 된다. 수십 년을 다녔다. 그래도 익숙해질 수 없는 그런 느낌이 있다.

2017년 5월의 장례식장도 그랬다. 지상 1층과 지하 1층으로 이어진 분향소가 모두 이 크레인 사고로 숨진 노동자들의 자리였다. 그중 덩그러니 제사상만 차려진 지하 1층 어느 분향소 입구에 잠시 멈추었다. 그 방에는 유가족 중 누군가 머물러 있었던 흔적만 남아 있었다. 세상을 떠난 노동자가 혈혈단신이거나, 아픈 가족사를 가지고 있음을 짐작할 수 있었다. 노동자 죽음의 진실을 은폐하려는 거대한 힘을 가진 세력은 시신이 채 식기도 전에 계산기 위에 고인의 몸값부터 올리기 마련이다. 고인이 된 이가 어떤 삶을 살아왔었

느지는 거론조차 되지 않았을 것이다. 유가족들에게 먹고살려면 협상에 응하라고 압력을 넣었을 것이다. 온전한 애도를 파렴치한 탐욕으로 치환해버리기도 했을 것이다. 살아서 그래왔던 것처럼, 노동자들은 죽어서도 묵묵히 오욕의 시간을 견뎌야 한다. 장례식장에 내려앉아 있던 그 무겁고 침울한 공기가 아직도 기억이 난다.

하청으로 돌아가는 조선 산업

2017년 5월 1일, 삼성중공업에 출근한 노동자는 모두 1623명이다. 이 중 1464명, 90%가 비정규직 노동자였다. 삼성중공업이 공개한 자료다. 사망한 노동자 여섯 명은 물론이고 재해를 입은 노동자들 모두 하청의 하청에 속한 비정규 노동자였다. 삼성중공업 크레인 사고가 발생한 지 3개월 뒤인 2017년 8월 20일 경남 진해 stx조선해양에서 폭발 사고가 발생해 네 명이 목숨을 잃었다. 이 노동자들 또한 하청의 하청 소속 비정규 노동자였다.

조선 사업이 호황이던 2000년 조선 부문에서 일한 노동자 수는 7만 9776명이었다. 2014년에 노동자 수는 총 20만 4996명으로 약 2.5배로 증가했다. 특히 이 기간 동안 하청 노동자가 두드러지게 증가했다. 2002년경부터 조선업에서 하청 노동자 수는 정규직 노동자를 넘어서기 시작했다.

2013년 9대 조선소의 하청 노동자는 10만 명을 넘어섰다. 조선 노동자 열 명 중에 일곱 명이 비정규직 노동자였다. 늘어난 하청 노동자들은 대부분 조선 3사(삼성중공업, 현대중공업, 대우조선해양)의 조선 부문과 해양 플랜트 부문에 집중되었다. 앞서 구술에서도 나왔듯이 조선은 우리가 익히 아는 배를 만드는 곳이고, 해양 플랜트는 석유 시추선 등의 구조물을 만드는 곳이다. 특히 해양 플랜트 하청 노동자 수는 폭발적으로 증가했다.

2008년 금융위기 이후 조선산업의 침체와 맞물리면서 불안정 고용이 더욱 뚜렷해지기 시작했다. 조선산업이 침체일로를 걷던 시기에 2011년경부터 유가 상승과 더불어 해양 플랜트 발주가 증가하자 한국의 조선 업체들은 해양 플랜트 설계와 시공에 무리하게 뛰어들어 경쟁적으로 저가 수주에 나섰다. 적정한 생산 능력보다 150% 정도 많은 물량을 저가로 수주했으니 이 물량을 시공할 능력이 모자란 것은 물론이고, 적정한 인력조차 수급되지 않는 상황에 처하게 된다. 더욱이 공기가 지연되는 상황이 발생하자 지연손해금까지 물어야 하는 처지가 되었다.

그럴수록 단기 고용은 더욱 확대되었다. 해양 플랜트 현장에는 열 명 중 아홉 명이 비정규직 노동자다. 사업주들은 조선산업의 일시적인 물량 증가를 이유로 들며 핵심 인력만 유지하고 나머지는 사내외에 하도급화를 시작했다. 사내하청업체 1차 본공과 물량팀 노동자로 2차, 3차의 불법적인 다단계 고용 형태가 확대되었다. 특정한 위험 작업만 외주화한 것이 아니었다. 물량팀이 조선소에서 일반화되었다.

그렇다면 누가 이 하청 노동의 자리에 들어가는가. 누구라도 몸뚱이만 굴릴 수 있다면 가능하다고, 인터넷과 벼룩시장 등 도처에서 사람을 모은다. 군 입대를 앞둔 청년들, 구조조정으로 일자리를 잃은 사람들이 높은 일당에 유인되어 조선소로 들어간다. 이역만리에서부터 국경을 넘어온 이주노동자들은 지긋지긋한 가난의 굴레를 끊을 동아줄이라 여기고 조선소로 들어간다. 그러므로 열악한 노동 조건, 비인간적 처우는 통과의례로 여기기 십상이다. 하청 다단계 구조가 이들을 빨아들이고, 이 흡착판은 원청의 입맛에 맞게 언제든 어떠한 모양새로도 변형이 가능하게 되는 구조인 것이다.

공기 단축이 조선소를 지배하는 최고의 목표가 되어버리면 물량이나 검사, 공기가 현장의 모든 것을 좌우한다. 공기단축을 위해서 안전은 외면당한다. 목숨을 내놓고 인권을 포기하고 일하는 이들에게 주어지는 유일한 보상은 '임금'

이다. 그리고 이 임금을 받는 대가로 포기해야 할 것은 많다. 조선소 노동자들은 기본적인 생리현상도 해결할 수 없는 환경에서 일한다. 몇 개 되지 않는 화장실 앞에서 20분, 30분을 기다려야 한다. 줄이 너무 길면 포기해야 한다. 왜 늦게 왔느냐는 관리자의 질책이 뒤따르기 때문이다. 또 현장 곳곳에 감시원들이 배치되어 노동자들의 행동을 통제한다(삼성중공업 소속 노동자들의 조선소 노동자의 안전모에는 노동자의 안전을 위해 승선과 하선을 확인하기 위한 바코드가 부착되어 있다. 그러나 현장에서 바코드는 노동자를 감시하는 도구로 쓰였다는 증언이 있다.) 안전과 노동자의 생명을 위해 쓰여야 할 돈, 인력, 노력은 효율을 위한 노동자 관리와 통제에 쓰인다.

비정규 노동자들은 쓰고서, 쓰다가 버리는 소모품 취급을 받는다. 조선업 불황을 이유로 단행된 구조조정 과정에서 수만에 달하는 비정규 노동자 노동자가 일자리를 잃었다. 그러나 이들의 실직은 해고라고 불리지도 않는다. 셈도 되지 않는 그림자 노동의 처지에 있는 것이다.

무기력도 학습되는 것일까. 노동절에 수많은 노동자가 그 현장에 있었고, 그중 여섯 명이 사망했는데 세상은 너무도 담담하게 받아들이는 것 같았다. 조선소 하청 노동자들은 자신이 누구에게 고용되어 있는지조차 모른 채 일터에 와서 일만 하기도 한다. 노동자라면 누구라도 가입할 수 있는 노동조합을 꿈도 꾸지 못하는 사람들이다. 대한민국의 노동조합 조직률은 10%에 불과하다. 비정규직 노동자들에게 노조의 문턱은 더욱 높기만 하다. 때문에 이 절대다수 노동자의 죽음은 잘 알려지지도 않는다. 죽어서도 평등한 대우를 받지 못하는 사람들. 이들은 사회운동 내에서조차 조명을 받지 못할 때가 많다.

더 참을 수 없었던 것은 노동자의 생명권을 지키자고 이야기하는 사람들마저 종종 그런 태도를 보일 때가 있다는 사실 때문이다. 삼성중공업 크레인 사고 이전에도 그랬지만, 이번에는 마치 무디어진 정도를 넘어서 단단한 벽이 된 것 같았다. 정말 단단하게 세워진 벽이었다. 소리쳐도 절대 밖으로 들리지 않는, 틈새 하나 없이 막힌 곳, 벽에 부딪혀 내 몸에 피만 흐르게 되는 그 무수한 벽들 사이에 결박당해 있는 느낌이 들었다. 그해 12월 나는 병원을 찾아 뇌 MRI를 찍어 검사를 받아야 했을 정도로 통증이 심했다.

치료가 아니라 2차 가해가 되는 재해 인정 과정

내가 이럴 정도인데, 사고를 당한, 목격한 노동자들은 어땠을까. 사고를 경험한 노동자의 25%에게서 외상 후 스트레스 장애가 나타난다는 보고가 있다. 우리나라의 한 해 재해 발생 건수는 공식 보고로 9만여 명이다. 그중 사망자는 1700여 명이다. 근로복지공단 발표 자료에 따르면 외상 후 스트레스 장애로 산재 치료를 받은 노동자는 2010년에 다섯 명, 2014년에 아홉 명, 2016년에 스물다섯 명이었다.

트라우마를 정신의학적 관점, 질병의 관점으로 정의하면 단순하고 명쾌하게 보인다. 그러나 트라우마를 겪고 있는 노동자의 일상은 단순하지도 명쾌하지도 않다. 무엇이 문제인지 모르는 끊임없는 혼돈 속에 있다. 끝도 없는 나락으로 곤두박질친다. 질병의 틀, 행정의 틀에 맞추어 노동자를 바라보지 않고 온전하게 그들의 이야기를 들을 때에야 치유가 가능하다. 그러나 노동자들은 먹고살기 위해 고통을 드러내지도 못하고 있고, 사회적 인정도 받지 못하고 있다. 트라우마 치유와 사회 복귀를 위한 사회적 대책 마련이 절박한 상황이다.

산추련은 2017년 5월 1일 재해를 당했던 노동자 중 여섯 명과 사고 현장에 있었던 피해 노동자 일곱 명의 외상 후 스트레스 장애 산재 처리와 치유 과정을 지원했다. 그중 열한 명이 산재로 승인되었고 치료를 받고 있다.

트라우마 치유를 위해서는 치료-고용-보상-복귀로 이어지는 사회 통합적인 지원이 반드시 필요하다. 그러나 사고 이후 고용노동부는 계획과 준비 없이 행정사업으로 일관했다. 트라우마에 지원이 필요하다는 문제 제기를 받자 고용노동부는 1차 실태 파악을 진행했다. 그러나 1차 조사는 삼성중공업 사업장 안에서 인원을 대규모로 모아놓고 진행되었다. 트라우마를 치유하기 위해 가장 선행해야 하는 일은 심리적인 안전을 형성하는 것이다. 노동자들은 가장 안전하지 못한 장소에서, 집단적인 스크리닝 방식으로 조사를 받았다. 이는 오히려 트라우마를 양산하는 과정이 될 수도 있었다. 노동 재해가 일어난 다른 현장에서도 조사는 늘 이런 식으로 이루어지고 있다.

2차 사업까지 마무리된 2017년 12월 8일 이후에도 고위험군 노동자에 대한 고용노동부의 후속 지원 대책은 전무했다. 휴업급여 등을 지급해 치료를 받을 수 있는 제도를 마련하거나 사회 복귀를 위해 지역 차원에서 지원 네트워크를 마련하는 등의 노력은 찾아볼 수 없었다. 더욱이 산업안전공단에 제출된 보고서는 비공개였다. 고 노회찬 의원실을 통해서 2018년 3월 30일에야 자료를 받을 수 있었다. 이 보고서에서 위험군으로 확인된 160여 명이 방치되었음을 확

나. 조선소 노동자

인할 수 있다.*

트라우마를 겪는 노동자들은 산업재해를 담당하는 정부 기관에서 도움을 얻기는커녕 상처를 얻기 십상이다. '다른 분들은 이 정도는 아니지 않나요?' 정부 기관에서 업무를 처리하는 담당자들의 말이다. 이들은 끔찍하고 강렬한 기억을 진술한 노동자와 그렇지 않은 노동자를 구분하는 편견의 언어다.

'만 명 중에 한 명 꼴로 있다는 트라우마로 당신이 산재가 되겠어요?'

'그 뒤에 한 달 정도는 일하러 다녔는데 트라우마가 있다면 그게 가능한가요?'

'산재가 되면 만사형통이라고 착각해서는 안 돼요.'

노동자에게 이런 말을 서슴없이 전한다. 산업재해를 처리하는 공무원의 감수성이 이러하다. 피해를 입은 노동자를 마치 경제적 이득을 취하려는 파렴치한으로 치부하는 폭력적인 시선은 노동자들의 상처를 더욱 깊게 후빈다. 노동자들이 겪고 있는 상처는 개인의 문제가 아니다. 노동자들에

---

* 2018년 5월 1일 고용노동부는 '삼성 크레인 사고 목격자 산재 인정 반쪽의 늑장대처'라는 기사와 관련해서 해명 자료를 배포했다. 삼성중공업이 자체적으로 트라우마 관리 프로그램을 실시하록 지도했으나 원활히 진행되지 못한 사실을 확인하고서 지역 사회에서 신뢰를 받고 있는 기관을 중심으로 지원 활동을 본격적으로 진행했다는 내용이었다.

게는 사회적으로 보호받을 수 있는 정당한 권리가 있음에도 보호받지 못하고 있다.

피해자는 있어도 가해자는 없는 사고

고용노동부는 크레인 사고 직후 삼성중공업 현장 특별 진단을 실시했다. 그리고 산업안전보건법 위반 사항 866건을 적발해 과태로 5억 2천만 원을 부과했다. 그러나 노동부 특별감독이 진행되는 동안에도 현장에서 반복해서 사고가 발생했다. 그리고 2017년 11월부터 6개월간 조선업 중대산업재해 국민참여조사위원회가 조사한 결과가 2018년 9월 5일 사고조사 보고서로 제출되었다.

보고서에는 2017년 5월 1일 사고가 발생한 주된 원인은 원청 사업주(삼성중공업)가 지브형 크레인을 설치할 때 위험성 평가를 온전히 수행하지 않았기 때문이라고 밝혀져 있다. 구체적으로 지브형 크레인이 골리앗 크레인과 충돌할 위험을 평가해 대책을 마련해 시행하지 않았다고 했다. 또 원청이 좁은 공간에 많은 사내도급 노동자를 동시에 투입하여 작업하도록 해 피해가 컸다고도 했다. 그리고 제도를 개선할 방안을 몇 가지 제안했다. 첫째, 다단계 하도급을 금지

하고 필요한 경우에만 제한적으로 허용한다. 둘째, 무리한 공정 진행을 방지하는 제도적 장치를 마련한다. 셋째, 조선업 안전관리법제도를 개선한다. 그러나 이는 외주화와 노동 유연화라는 파행적인 고용 구조를 인정한 형식적인 처방에 불과하다. 조사위에서 밝힌 사고의 피해 노동자와 고용 형태에 대한 내용은 사실과 다른 부분도 있다.

2017년 6월 15일 수사기관은 스물다섯 명(삼성중공업 조선소장을 포함한 현장 관리자 10명, 현장 작업자 7명, 하청업체 대표이사를 포함한 관리자 4명, 현장 작업자 4명)을 업무상 과실 치사상으로 형사입건했다. 검찰은 이 중 여덟 명(삼성중공업 관리자 3명, 작업자 3명, 하청업체 현장 작업자 2명)에게 구속영장을 청구했다. 법원에서는 골리앗 크레인 신호수 한 명에게만 구속영장을 발부했다. 2017년 12월 8일 삼성중공업 조선소장과 법인, 하청업체 대표는 산업안전보건법 위반으로 불구속 기소 의견으로 송치되었다. 삼성중공업 대표이사는 산업안전보건법의 구체적인 안전조치 의무를 위반한 실행위자로서 사고 발생에 대한 예측 가능성이나 지배 가능성이 있었다고 보기 힘들다는 이유로 입건되지 않았다.

2018년 12월 4일 형사재판 결심공판*에서 검사는 안전보

---

* 창원지법 통영지원 2017고단940. 2019년 5월 7일로 선고기일이 예정되어 있다.

건 총괄책임자였던 조선소장 김효섭에게 업무상 과실치사 혐의로 징역 2년, 산업안전보건법 위반 혐의로 벌금 5백만 원을 구형했다. 신호수에게는 금고 2년, 이 회사 직원과 협력업체 직원 열세 명에게는 각각 금고, 벌금형을 구형했다. 산업안전보건법상 양벌규정에 따라 삼성중공업 법인에는 벌금 3천만 원을 구형했다. 3천만 원은 사망한 노동자 1인당 5백만 원에 해당하는 벌금이다.

노동자가 수없이 죽어도 멀쩡한 세상

죽고 병들고 다치는 일은 특별한 누군가에게 닥치는 우연이 아니다. 재수 없어서가 아니다. 목숨보다 이윤이 우선하는 가치가 되어 있는 사회에 살고 있는 우리 중 누구나 겪게 되는 필연이다. 순번이 정해져 있지 않다. 언제 닥칠지 예측할 수 없다.

매년 노동자 2천여 명이 노동 중 재해로 목숨을 잃는다. 다단계 하도급 구조로 노동자들이 위험에 내몰리지 않았더라면, 응급 구조 시스템이라도 제대로 갖추어져 있었더라면, 위험한 상황에 처했을 때 노동자들이 작업을 중지할 수 있었더라면, 풀코드 당길 사람이 곁에 있었더라면, 송기 마스크라도 지급되었더라면, 전기배선 등 작업 시설과 도구가 편법적으로 취급되지 않았더라면, 작업허가서가 승인이 나지 않았더라면…, 지극히 상식적이고 정당한 것을 두고 '했었더라면'이라는 가정을 해야 하는 비상식적이고 비인간적인 현실이다.

2018년 12월 11일 충남 태안 화력발전소에서 김용균 님이 컨베이어벨트에 끼어 사망했다. 당시 컨베이어벨트에는 풀코드, 즉 레버를 당겨 기계를 멈추는 장치가 설치되어 있었다. 그러나 김용균 님은 혼자 야간 근무를 하던 중 사고를 당해 컨베이어벨트를 멈출 수 없었다. 2017년 8월 20일 경남 진해 stx조선해양에서는 건조 중이던 유조선 탱크가 폭발하는 사고가 발생해 노동자 네 명이 숨졌다. 경찰 조사 결과 이들은 방독 마스크를 쓰고 작업을 했다. '산업안전보건기준에 관한 규칙'에 따르면 밀폐된 공간에서 작업할 때는 송기 마스크, 즉 공기를 공급하는 호흡 보호구를 착용해야 한다. 그러나 사망한 노동자들이 지급 받은 것은 외부 유해 가스를 차단하기만 하는 방독 마스크였다. 혼자 일하도록 하고, 적정한 보호장구를 지급하지 않는 것은 죽음의 시공간으로 노동자를 밀어넣는 명백한 살인 행위다.

건강과 질병은 개인의 문제가 아니다. 생의학적 현상을 넘어서 정치경제적, 사회문화적 특성에 영향을 받는다. 탄

광 노동자의 진폐가 직업병의 다수를 차지하던 시기가 있었다. 이제 비정규직 노동자의 죽음이 노동자 죽음의 대다수가 되었다. 그만큼 그 사회가 어떤 사회인가에 따라 노동자가 죽고 다치고 병드는 양상이 다르다. 건강과 질병을 어떻게 보는가에 따라 어떠한 종류의 사회적 보호를 추구하는지가 다르다.

노동 현장에서 맞닥뜨리는 노동자의 죽음은 개인의 죽음이 아니고 사회적 죽음이다. 노동자는 이윤을 위해 기계에 부속되어 있는 부품이어야 하고, 정신력을 집중하여 불량품을 내서는 안 되는 근면 성실한 부품으로 있어야 할 것을 강요받는다. 훼손된 노동력은 사회적 비용을 지출할 가치가 없는 것으로 취급당한다.

'조심 좀 하지 재수 없게.'

'자기만 아프나.'

'우리 사회가 보호해야 할 것이 얼마나 많은데, 언제까지 치료해주고 보호해주어야 하는데.'

소비된 노동력을 즉시 다른 노동력으로 얼마든지 대체가 가능하도록 사회가 보장하고 있다. 반복되는 노동자 살인을 눈 감고 용인하는 사회가 바로 지금 우리가 발 딛고 살고 있는 곳이다.

옆에서 함께 일하던 동료가, 함께 일하던 동생이 죽어간

나. 조선소 노동자

기억이 가시기도 전에, 그 현장에 다시 서야 하는 노동자들이 있다. 이 시간에도 또 어느 컨베이어벨트 옆에서, 어느 밀폐 공간에서, 어느 크레인 밑에서 노동자들의 사투를 벌이고 있다.

이윤을 위한 외주화를 멈춰야 한다. 그러지 않으면 현장 실습 중에 죽어간 김대환, 이민호, 구의역 스크린도어 수리 중에 사망한 김 군, 서부발전 컨베이어벨트에서 사망한 김용균과 같은 청년 비정규직 노동자의 죽음을 막지 못한다. 전체 재해의 80%를 차지하고 있는 영세 사업장 노동자의 죽음을 막지 못한다.

사업주를 강력하게 처벌해야 한다. 그러지 않으면 위험하고 열악한 작업에 내몰리다 죽어가는 조선소 노동자들, 매년 6백 명씩 죽어가는 건설업 노동자의 죽음을 막지 못한다. 위험에 대한 노동자의 적극적인 작업중지권과 노동자의 알 권리가 온전하게 보장되지 않는 한 삼성전자 백혈병으로 죽어간 황유미를 비롯한 많은 노동자, 광주 남영전구 수은 중독 같은 노동자들의 고통을 막지 못한다.

자신의 생명권에 대한 권리를 온전하게 노동자가 갖고 있지 않는 한 어떤 법안도 온전할 수 없다. 이윤보다 생명의 가치가 우선되지 않는 한 나와 나의 친구, 나의 가족인 노동자들의 죽음의 행렬을 결코 막을 수 없다. 안전하고 건강한 일터와 사회는 기업, 정부, 국가, 누군가가 베풀어주는 시혜나 복지가 아니다. 인간이 가진 권리다. 모든 노동자가 누려야 할 정당한 권리다.

아직 남은 진실을 밝히려는 사람들

크레인 사고가 난 지 23개월, 사고 원인과 책임에 대한 정보가 충분히 공개되고 있지 않다. 삼성중공업 안전보건관리 책임자인 조선소장은 사고 조사 과정에서 '지브 크레인이 위험하다는 생각은 했지만 크레인이 추락할 것까지는 몰랐다'고 했다. 노동자의 죽음이 반복되는 이유를 적나라하게 보여준다. 왜 크레인에는 충돌 방지 장치, 충돌 경고 장치조차도 없이 작업이 이루어졌는지 밝혀야 한다. 하청업체에서 위험 작업에 대한 개선을 요구했는데도 이를 묵살한 이유를 밝혀야 한다.

사고가 발생한 마틴링게 프로젝트는 프랑스계 글로벌 에너지기업 토털의 노르웨이 자회사 토털 E&P 노르게가 발주한 해양생산품이다. 삼성중공업과 세계 최대 원유 서비스업체 테크닙(Technip)이 발주 받아 공동으로 시공했다. 노르웨이 국영 석유기업인 에퀴노르(Equinor)와 페트로AS(Petoro AS)

는 이 프로젝트에 주주로 참여했다. 마틴링게 플랫폼의 공사 규모는 최초 발주 때는 1만 9520톤이는데 이후 공사 규모가 2만 3330톤으로 늘었다. 그리고 그에 따라 설계가 변경되었으며 공사 기간 또한 연장되었다.

사건 수사 자료에 따르면 플랫폼 높이가 상승하기 전까지 현장에서는 T자형 타워크레인이 사용되었다. 상부 구조 작업을 해야 하는데 T자형 타워크레인을 높이는 방법으로는 크레인의 간섭 문제(크레인의 동선이 겹치는 문제)가 제기되었다. 삼성중공업 담당자들이 모여 일곱 차례 회의를 거쳐 2016년 5월 13일 지브 크레인을 추가하기로 결정하고 한 달 뒤부터 지브 크레인을 설치해 운영했다. 이렇게 지브 크레인을 설치했지만 골리앗 크레인과 공간적 여유가 없어서, 골리앗 크레인이 통과할 때는 지브 크레인의 붐대를 내리는 식으로, 기존에는 없었던 작업 방법과 절차가 필요하게 되었다.

삼성중공업 고위 임원과 삼성중공업 협력업체 직원들이 수사기관에서 진술한 내용에서도 이런 작업 방식은 매우 이례적이고, 통상적으로 사용되는 방식이 아니었다고 기록되어 있다. 그렇다면 위험은 예측되었다고 할 수 있을 것이다. 골리앗 크레인과 지브 크레인을 한 작업장 안에 중첩시켜 운용한 작업 방식에 대해 마틴링게 프로젝트와 관련된 회사들은 어떠한 조치를 취했는가. 작업 방법과 절차를 변경

하는 과정에 공학적 기술적 방안이 포함되었는가. 안전조치 방안은 있었는가. 작업관리 매뉴얼이 마련되어 있었는가. 마련하지 않았다면 이유는 무엇이었는가. 모두 명백히 밝혀야 할 사안들이다. 사고 후 발주사 토털은 사고를 조사해 보고서를 작성했지만 공개하지 않고 있다.

2018년 11월 29일 '마틴링게 프로젝트 삼성중공업 크레인 사고 피해 노동자 지원단(이하 지원단)', 기업의 인권 침해 문제에 인권·노동·환경·공익법 단체가 연대해 대응하는 '기업인권네트워크'는 삼성중공업과 발주사, 공동시공사에 공개 질의서를 발송했다. 사고의 직접적 원인이 된 지브 크레인의 설치 운영과 위험 예방을 위해 어떤 논의와 조치를 취했는지를 물었다. 공개 질의에 삼성중공업은 답변을 하지 않았고, 토털 E&P 노르게는 삼성중공업 책임이지 자신들은 책임이 없으며 현재 마틴링게의 운영사도 아니라는 답변을 보내왔다. 에퀴노르와 페트로 역시 자신들은 운영사가 아니라는 무책임한 회신을 보내왔다. 정말 이들은 책임이 없다고 말할 수 있을까.

지원단을 중심으로 피해 노동자들을 지원하는 노동·인권·시민사회 단체들은 마틴링거 프로젝트를 공동 시공한 삼성중공업과 테크닙(프랑스), 프로젝트의 당시 운영사인 토털의 자회사(노르웨이)와 토털 본사(프랑스)를 OECD 다국적 기

나, 조선소 노동자

업에 관한 가이드라인 위반을 이유로 NCP(국내연락사무소)에 진정했다.

OECD는 1976년 다국적 기업의 긍정적인 영향력을 제고하기 위해 'OECD 다국적 기업 가이드라인'을 제정했다. 가이드라인 인권 규정에는 인권 책임 경영을 이행할 의무, 인권 실천 점검 내지 인권 실사를 이행할 의무, 고용·노사관계에 관한 규정 중 작업상 보건과 안정성을 보장할 의무 등을 정하고 있다. NCP 진정을 통해서 2017년 5월의 크레인 사고가 노동자의 사고, 부상의 위험을 최소화하기 위해 통용되는 규제 기준과 규범을 준수하지 않았음을 밝히려 한다. 삼성중공업을 비롯한 진정 대상 다국적 기업들이 공동으로 책임이 있음을 명확히 해 피상적이고 전시적인 대책이 아니라 발주, 수주, 생산 과정에서부터 노동 안전을 규정하고 이를 최우선하는 가치로 둘 수 있는 대책을 마련해 기업이 인식을 전환하도록 촉구하려고 한다.

이들의 증언을 온전하게 듣고, 기록하고, 전하기 위하여

진상을 밝히는 일은 다시는 동일한 아픔이 반복되지 않도록 진실을 드러내는 과정이어야 한다. 그 과정에서 가장 중요한 것은 피해 당사자의 목소리와 시선이지 않을까. 그런데 조사 과정에서는 당사자를 아예 배제하는 것이 현실이다. 조사의 객관성을 유지해야 한다는 이유를 든다. 외주화된 사회에서는 당사자의 권리, 노동자의 권리마저도 외주화되는 것 같다. 객관성을 담보할 수 있는 전문가로 진상조사단을 구성했으니 진실을 밝힐 수 있다고 자임한다. 피해 당사자들에 대한 공감 능력을 가진 사람들이니 안심하라는 당부도 빠지지 않는다.

그런데 나는 당사자의 아픔을 완벽하게 대변할 수 있는 사람은 없다고 생각한다. 피해자는 애초부터 약한 자가 아니다. 피해자를 약자로 만드는 것은 사회다. 고통을 함께하고자 하는 사람은 피해 당사자가 아픔을 말할 수 있도록 그 옆에 서는 것으로 시작해야 한다. 전문성에 기초했다는 대책에는 당사자의 고통이 배어 있지 않다. 노동자의 죽음과 고통이 매우 건조하게 박제되어 있다. 그렇게 만들어진 대책이 법안으로 제출되고 그 법안이 통과되면 노동자가 죽지 않는 사회를 만드는 만병통치약이 될 것처럼 사회 여론이 들끓는다. 상정된 법안은 이해관계에 따라 누더기가 되어 통과되기도 한다. 이 모든 과정에 당사자는 없다. 아픔이 반복되지 않으려면 무엇을 해야 하는지 당사자의 목소리에 해답이 있지만 묻지 않는다. 듣지 않는다.

나. 조선소 노동자

그런 고민이 커져갈 즈음 11월 13일 전태일 열사 추모일이 되었다. 그런 생각이 들었다. 열사가 소망했던 대학생 친구는, 노동자의 목소리를 대신해주는 사람이 아니라 노동자가 자신의 목소리를 당당하게 이야기할 수 있도록 지지하고 연대하는 친구여야 하지 않을까.

나는 피해 노동자의 목소리를 기록하는 것을 고민하기 시작했다. 다른 누구의 목소리도 아닌 크레인이 무너진 자리, 그 죽음의 현장에 있었던 당사자의 목소리로 진실을 기록해야 한다고 생각했다. 금속노조 경남지부에 사회연대기금 활동을 신청했다. 왜 기록하고자 하는지 설명하러 가서도 자꾸 눈물이 흐르고 말소리가 떨리고 심장 박동이 빨라졌다. 그렇게 삼성중공업 크레인 사고 피해 노동자의 구술 기록이 시작되었다.

심리·상담활동가들의 네트워크인 심심통통은 2017년 초 노동자들의 심리적 고통을 함께 나누고 치유를 지원하고자 시작된 모임이었다. 삼성중공업 크레인 사고가 나고 심심통통 활동가들과 상황을 공유하고 지원할 방안을 모색했다. 구술기록 활동 계획을 먼저 심심통통 활동가들에게 제안했다. 활동가들은 무엇이라도 힘을 보태고 싶었다며 동의해주었다. 울산과 대구에서 노동인권 활동가들이 힘을 보태며 더 단단해졌다. 구술기록과 심리 치유가 병행되는 작업 과정이 되려면 구술기록 활동 경험이 있는 활동가들의 연대가 절실했다. 오랫동안 인권기록활동을 해온 활동가들이 함께하며 6개월간의 여정에 나침반 역할을 해주었다.

트라우마로 산재를 신청한 노동자들과 지원 상담을 했던 분들에게 기록 활동의 취지를 설명했다. 재해 노동자, 유가족, 트라우마 피해 노동자들이었다. 진실을 알리는 증언자로, 다시는 이러한 사고가 일어나지 않게 하는 작은 힘이라고 보태겠다고 나섰다. 인권의학연구소 손창호 선생님도 구술기록을 시작하는 활동가들에게 트라우마에 대한 이해를 돕기 위해 창원까지 먼 길을 달려와주셨다.

이렇게 구술기록 활동은 삼성크레인 사고의 진실을 알리고자 함께 한 피해 생존 노동자와 심리상담 활동가, 기록활동가, 노동인권 활동가, 노동보건 활동가 그리고 활동기금을 지원한 금속노조 경남지부의 연대와 협업으로 이루어졌다. 온전한 애도조차 받지 못했던 동료와 가족에게 가슴깊이 보내는 애도의 시간이기도 했다.

기록 활동 과정에서 개인 사정이 생겨 안타깝게 중단될 수밖에 없는 분들도 있었다. 조선소에는 전체 노동자의 10% 이상을 차지하고 있는 이주노동자들이 있다. 그런데 사고 당일에 출근했던 많은 이주노동자에게는 사고 후 어떠한 안내와 지원도 없었다. 트라우마 증상을 묻는 설문조사도 한국어로만 배포되었다. 그렇기에 기록 활동으로 이주 노동자들의 이야기도 담고자 했다. 그러나 안타깝게도 스무 살부터 삼성중공업에서 일해왔던 어느 미얀마 노동자는 혹여 나중에라도 문제가 될 것을 염려하여 많은 이야기를 꺼내지 못했고, 책에 실을 수가 없었다.

구술에 참여한 노동자들은 낮은 목소리로 한 마디 한 마디 그날의 기억을 꺼내 말했다. 그렇게 느릿느릿 꾹꾹 눌러 말하는 것은 그전에는 들어보지 못했던 것만 같았다. 아련해지는 말끝, 끝없이 이어지는 침묵과 말 줄임, 망연해지는 눈빛, 아직도 자신이 그 장소 어딘가에 머물러 있다는 것을 느낄 수 있었다.

'기억이 나질 않아요.' '기억하려 하지 않는 거 같아요.'

'일하러 가야 해요.'

'그냥 아무것도 안 하고 싶은 거 같아요.'

위험한 상황으로 노동자를 내몰아 일을 시키는 것이 부당하다는 것, 인간이라면 누려야 할 권리가 있다는 것을 노동자들은 온몸으로 알고 있었다. 무법천지 조선소에서 권리를 행사할 수 없는 다단계 하청 노동자였던 이들이 내는 간절한 목소리가 들리기 시작했다.

이들은 날마다 기사를 검색하면서 노동 현장에서 발생하는 사고들을 주목하고 있었다. 타인의 고통을 자신의 통증으로 느끼고 아파하고 있었다. 자신이 목소리를 내 같은 고통 속에 있는 사람들에게 힘을 보태려 했다. 목소리를 내고 난 뒤 한동안 또 악몽에 시달리고 약을 늘려야 했지만 그래도 멈추지 않으려 했다. 자신들이 경험한 잔인한 일이 반복되지 않기를 누구보다도 간절히 소망했다. 치유의 힘은 연대해주는 사람과 사회가 있을 때 당사자의 몸과 마음 안에서 일어나는 것 아닐까 싶었다. 그 잔인한 노동절을 증언하며 더욱 고통스러운 시간을 보내야 했던 노동자들의 용기에 마음 깊은 고마움을 전한다.

크레인 사고를 계기로 만난 노동자들과 상담하고 이들의 이야기를 기록하는 과정은 그간 만난 노동자들의 고통보다 나에게 더 큰 진폭으로 다가왔다. 나는 그동안 온전하게 노동자들의 고통을 이해하고 있었던 걸까 스스로 물을 수밖에 없었다. 그리고 부끄러웠다. 마음 치유를 돕는 상담사와 임상심리사, 노동 현장 활동가, 기록 활동가들과 함께하지 못했다면 아마 나는 주저앉아버렸을 것이다. 고통을 공감한다는 것은 무엇일까 수없이 고민했다. 내가 그가 아닌 이상 타인의 삶을 온전하게 공감한다는 것은 불가능한 것이리라. 다만 나에게 필요한 것은 공감하려는 자세, 태도를 유지하는 것이 아닐까 싶었다. 옆에 있다는 믿음이 맞닿을 때 소리를 들을 수 있을 것 같았다.

온전하게 들어야 침묵을 깨트릴 수 있지 않을까. 차마 입으로 내뱉지 못하고 가슴 속에 웅크리고 담아두어야 했던 고통의 소리를 온전하게 들어야 한다. 너무도 오랫동안 반복되어온 죽음들이라 눈 감았을지 모르는, 모두가 알고 있다고 생각하지만 실은 제대로 몰랐던 진실, 이 책은 외면해온 그 진실에 마주 서주기를 바라며 노동자들이 내미는 손짓이다. 사회의 침묵이, 모르면서 안다고 생각하는 무뎌짐과 오만함이, 혹여 노동자의 죽음을 방조한 것은 아닐까 되돌아보는 시간이 되었으면 좋겠다.

고통 속에 사라져간 이들을 기억해야 한다.

고 박성우님. 고 고현기 님. 고 박규백 님. 고 복창규 님. 고 서영건 님. 고 박인호 님 그리고 일터에서 죽어간 수많은 노동자의 영면을 빈다.

기록자 소개

문선현 | 심리상담사

삶에서 노동을 뺄 수 있을까, 노동과 땀, 정당한 대가. 노동이 바로서야 평화롭고 안전한 공동체를 완성할 수 있다. 노동 현장에서 입은 상처가 사회적인 시각으로 바라봐지길 바라는 마음에서 이 프로젝트에 함께 했다.

박희정 | 인권기록활동가

어떤 선택은 갈림길이 아니라 막다른 길에서 만들어진다. 존재를 걸고 세상을 부수고자 하는 이들의 말 속에 잠길 때에 즐거움을 느낀다. 『숫자가 된 사람들』, 『그래 엄마야』, 『나를 보라 있는 그대로』를 함께 썼다.

시야(施野) | 기록노동자

"데모하기 딱좋은 나이" 팔순 할매들이 삼평리에서 송전탑 공사 반대 투쟁을 벌일 때 함께 거들었고, 소성리에서 사드철거 투쟁 중이다. 노동자이야기는 『들꽃, 공단에 피다』를 함께 썼다.

유해정 | 인권기록활동가

저항하는 이들의 목소리가 우리를 보다 인간답게 만들어 줄 거라 믿는다. 동그랗게 모여 앉는 세상을 위해 고통과 희망의 뿌리를 삶의 언어로 기록하며 전하고 싶다. 『밀양을 살다』, 『금요일엔 돌아오렴』, 『재난을 묻다』, 『나를 보라, 있는 그대로』, 『그날이 우리의 창을 두드렸다』 등을 함께 만들었다.

이미영 | 청소년상담사

아버지는 월남참전 트라우마를 겪으셨다. 유아기부터 청소년기까지 고통의 나날을 경험하였고 현재는 〈외상 후 성장〉으로 트라우마가 개인의 고통이 아닌 사회적 시각으로 바라볼 수 있게 되었다. 트라우마를 개인의 고통으로 간주하지 않기를 바라는 마음하나 보태고 싶다.

이은주 | 마창거제 산추련 상임활동가

수 없이 마주하는 노동자들의 고통의 순간이 장면, 소리, 냄새로 맺히며 쌓여간다. 그 심상(心象)의 힘으로 살아가고 있다.

정수빈 | 가족상담가

두 아이의 엄마다. 사람들이 자기 삶의 고난으로부터 성장하는 현장에서 함께하고 있다. 〈가족학의 핵심개념〉, 〈가족상담 개념과 실제〉 공동번역 및 저술에 참여하였다.

최지명 | 정신보건임상심리사

배움과 노동이 사람을 성장시키고, 행복하게 만들 수 있기를 바란다. 일터에서 생긴 트라우마가 노동자의 삶 뿐 아니라, 가족을 넘어 공동체의 아픔이 되는 현실이 되풀이되지 않도록 하는 활동에 힘을 보태고 싶었다.

한채민 | 심리상담사

무역회사 직원, 영어강사를 거쳐 지금은 노동자가 행복한 세상을 꿈꾸는 상담사. 현재 만나는 아이들이 노동자가 되었을 때 행복한 세상이기를 바라고 있으며 '시지프스의 돌'을 미는 일이라 해도 끝까지 나가고 싶다.

현미향 | 울산 산재추방운동연합 활동가

노동자가 안전하고 건강하게 일 할 수 있는 일터를 만들려고 울산산재추방운동연합에서 20년째 활동하고 있다. 〈이윤보다 생명이다〉는 가치가 한국사회에서 상식적이고 기본적인 가치로 뿌리내릴 수 있게 오늘도 고군분투하고 있다.

홍세미 | 인권기록활동가

'사람'을 궁금해하고 이야기를 좋아한다. 눈여겨보고 귀담아 들으려 노력한다. 『1995년 서울, 삼풍』, 『나를 보라 있는 그대로』를 함께 만들었다.

마창거제 산재추방운동연합

1990년 지역 노동자들의 자발적인 모임에서 출발했다. 근로복지공단의 IMF 체제 극복을 위한 고통분담 대책 철회 투쟁, 산재노동자 이상관 자살 책임자 처벌과 근로복지공단 개혁을 위한 투쟁, 노동 강도 강화 저지 근골격계 투쟁, 노동자가 직접하는 근골격계 유해요인 공동지역조사단 활동, 노사정위 밀실 야합에 맞서는 산재법 개악 저지와 전면 개혁 투쟁, 집배노동자 노동 환경 실태조사 및 개선 투쟁 등의 활동을 벌였다. 최근에는 비정규직, 영세 사업장, 이주노동자 구분 없이 모든 노동자가 건강할 권리를 위해 노력하고 있다. 이윤보다 노동자의 몸과 삶이 우선이 되는 사회를 지향하며 노동자의 직접 행동과 연대가 유일한 대안이라는 실천하고자 활동하고 있다.

삼성중공업 크레인 사고 피해 노동자 구술기록 활동은 금속노조 경남지부 사회연대기금 후원으로 진행되었다.